Der alte Jusuf

Guido Hangartner

Der alte Jusuf

und die Himmelsleiter

Bibliografische Information der Deutschen Nationalbibliothek:

Die Deutsche Nationalbibliothek verzeichnet diese Publikation in der Deutschen Nationalbibliografie; detaillierte bibliografische Daten sind im Internet über http://dnb.dnb.de abrufbar.

© *2016 Guido Hangartner*

Herstellung und Verlag: BoD – Books on Demand, Norderstedt

ISBN: 978-3-7412-9728-1

Inhalt

Einleitung 7
Kapitel 1 – Der alte Jusuf und die Heiligen 9
Kapitel 2 – Der alte Jusuf und die heilige Messe 17
Kapitel 3 – Der alte Jusuf und das Wiedersehen 23
Kapitel 4 – Der alte Jusuf und die elf Gebote 27
Kapitel 5 – Der alte Jusuf und das Credo 39
    Apostolisches Glaubensbekenntnis 39
    Nicaenoconstantinopolitanisches Symbolum 42
Kapitel 6 – Der alte Jusuf und die Sakramente 47
Kapitel 7 – Der alte Jusuf und die Dämonen 51
Kapitel 8 – Der alte Jusuf und die Leiter zum Himmel 57
Kapitel 9 – Der alte Jusuf und die Rüstung Gottes 67
Kapitel 10 – Der alte Jusuf und die Sünde 73
Kapitel 11 – Der alte Jusuf und die Endzeit 77
Schlusswort 87

Einleitung

Liebe Freunde, ich möchte euch teilhaben lassen an meinen Erlebnissen mit dem alten Jusuf. Ich möchte vorausschicken, dass ich in meinem Leben recht weit herumgekommen bin. Auf einer meiner Reisen lernte ich den alten Jusuf kennen. Wie alt er war weiss ich nicht. Ich möchte es so beschreiben: Sein Gesicht war so voller Altersfalten, dass ich dachte, es hat bestimmt keine weitere mehr Platz. Er hatte nur eine minimale Bildung und hat sein Leben lang auf dem Felde gearbeitet, was seine gebräunte ledrige Haut erklärte und seine Hände waren gross wie Teller. Wann genau ich ihn kennenlernte, weiss ich nicht mehr und wo es war ist nicht von Bedeutung.

Jusuf begeistert nun auch nicht durch sein Aussehen oder seine Eloquenz, sondern vielmehr durch seine überaus tiefe Weisheit, die aus seiner Lebenserfahrung und seinem Glauben herrührt. Einige mögen ihn für naiv halten, andere für einen Spinner, der im Leben eben nichts erreicht hat. Doch gerade an diesem Punkt bin ich mir nicht sicher, ob er wirklich nichts erreicht hat. Vielleicht hat gerade er mehr erreicht als ich selber oder viele von uns. Er hat einen Grad an Weisheit erlangt, der nicht in Schulbüchern zu finden ist und den kein Professor an einer Universität vermittelt.

Wenn Sie nun mit mir zusammen diesem bescheidenen alten Mann quasi lauschen, dann werden sie bald erkennen, dass da mehr daraus herauszuholen ist, als nur ein amüsiertes befriedigen von Neugierde. Im Laufe der Jahre fuhr ich mehrfach zu ihm und verbrachte in seinem Ort meinen Urlaub, so kamen einige interessante Gespräche zusammen. Einige seien hier aufgeführt.

Diese Begegnungen gilt es im Übrigen nicht zu diskutieren oder zu kommentieren, sondern nur zu reflektieren. Mich haben sie jedenfalls nachhaltig geprägt und das wünsche ich ihnen von ganzem Herzen.

GH.

Kapitel 1 – Der alte Jusuf und die Heiligen

Eines Tages besuchte ich auf einer Reise eine kleine Kirche. In ihr waren viele Heiligenbilder und Statuen und ein lebensgrosses Kreuz mit Korpus. Für diese kleine Kirche fast zu gross. Ich schlich mich gleichsam in die Kirche und setzte mich ganz hinten in eine Bank. Um ehrlich zu sein, interessierte mich die Architektur und die Kunst fast mehr, als die Tatsache, dass es eine Kirche war. Ein alter Mann stand gerade vor einer Statue des Apostels Paulus. Er betete dort inständig, so konzentriert, dass er mich nicht bemerkte. Mit der Zeit begann ich ihm ganz fasziniert zuzuschauen. Nach einer Weile wechselte er auf die andere Seite zu einer Statue des Apostels Thomas. Auch dort verharrte er länger im Gebet. Schliesslich ging er nach vorne, begab sich hinter den Altar und stieg eine kleine Treppe empor und er begann die Christusfigur zärtlich zu streicheln. Er berührte mit seinen grossen Händen in feiner Weise die geschnitzten Wunden an dessen Füssen, dann die an den Händen und schliesslich die Herzwunde. Zu guter Letzt umarmte er die Figur und drückte seine ledrige Stirn so sehr gegen die Dornenkrone, dass er selber Bluttropfen vergoss. Nun, ich war gelinde gesagt verwundert und fasziniert zugleich über diese Form der Frömmigkeit. Es fiel mir schwer, nicht innerlich zu urteilen. Ich dachte so im Stillen: Ein interessantes Beispiel an fragwürdiger Volksfrömmigkeit.

Als der alte Mann dann die Stufen vom Kreuz herunterstieg, bemerkte er mich und ich konnte an seinem gerade noch strahlenden Gesicht erkennen, wie es in eine Art Scham wechselte und ich fühlte, dass es ihm unangenehm war, beobachtet worden zu sein. In diesem Augenblick fühlte ich mich wie ein Voyeur und schämte mich, diesen intimen Zeitabschnitt 'begafft' zu haben. Der alte Mann kam nun mit festem Schritt und ernstem Blick, wenngleich freundlich auf mich zu und sprach mich an. Nun, ich verstand kein Wort, denn er redete in der Landessprache. Verlegen sagte ich ihm, dass ich nur Deutsch verstehe. Seine dunklen Augen durchbohrten mich beinahe und es trat eine unheimliche Stille ein. Nach einigen Sekunden sagte er ganz gefasst in perfektem Deutsch: "So, dann werden sie Mühe haben, zu verstehen, was sie gerade gesehen haben." Ich fühlte mich völlig entwaffnet. Ich weiss nicht mehr, ob ich zuerst sagte: "Sie haben Recht." oder ihn fragte: "Woher sprechen sie Deutsch?"

Der Alte meinte dann mit sanfterer Stimme, und ich glaubte ein Lächeln erkennen zu können, es sei besser draussen zu sprechen, dies sei schliesslich eine Kirche. Neugierig folgte ich ihm nach draussen und er sagte zu mir: "Setzen wir uns hier auf die Bank vor der Kirche." Dies taten wir. Dann sagte er mir: "Ich bin Jusuf, wer sind sie?" So stellte auch ich mich vor. Dann meinte er: "Was haben sie für Fragen? Denn wer in eine Kirche geht, hat immer Fragen." Nun, ich wollte nicht gleich mit der Tür ins Haus fallen und fragte ihn daher: "Woher sprechen sie so gut Deutsch?" Er lächelte nun sichtlich erkennbar und meinte: "Das sind zwar sicherlich nicht ihre Fragen, aber die deutsche Höflichkeit verlangt das anscheinend wieder."

Jusuf erzählte mir in wenigen Sätzen, dass er während des Krieges in Deutschland war und dort Deutsch lernte und auch lernte, wie grausam die Menschen sein können. Schliesslich sei es ihm gelungen in seine Heimat zurückzukehren. Wie und warum er nach Deutschland verschleppt worden sei, sei heute nicht mehr wichtig. Ich wollte nicht weiter eindringen, denn dies schien mir Warnung genug, nicht weiter in diesem Themenbereich zu Bohren. Da ich seine erste Äusserung so interpretierte, als ob er direkte offene Fragen mehr mochte, als höfliches oberflächliches Gespräch, riskierte ich es einfach und ich fragte: "Warum beten sie dieses Schnitzwerk an?" Seine Augen begannen wieder zu leuchten und er lächelte freundlich und entgegnete: "So ist es besser, wer nicht direkt fragt, bekommt auch keine direkten Antworten." Nach einer kleinen Atempause sagte er mir: "Sie denken zu Deutsch. Ich bete diese Figuren nicht an. Das wäre Götzendienst." So schnell liess ich mich jedoch nicht kaltstellen. Also entgegnete ich ihm: "Dann beten sie diese Heiligen an, denn das sind sie doch, oder?" "Nein und Nein und Ja" meinte er. Nun war ich noch mehr verdutzt. Er meinte: "Nein, ich bete sie nicht an, dann hätte ich andere Götter neben Gott. Und, Nein, das sind keine Heiligen, das sind Statuen und Ja, die, welche sie darstellen sind Heilige." Mein analytischer Verstand war damit irgendwie nicht konform und so meinte ich: "Das müssen sie mir jetzt erklären." Dann wurde er etwas traurig und fragte mich: "Sie können doch bestimmt gut lesen, oder?" Ich verstand den Zusammenhang zwar nicht, doch bejahte ich seine Frage. Darauf erklärte er mir: "Sehen sie, ich kann es nicht. Unter den Deutschen konnte ich nicht zur Schule und musste immer arbeiten, dann kam ich nach Hause und kämpfte ums Überleben, arbeitete und hatte keine Zeit zum Lesen und Schreiben lernen. Immer wenn ich ein Buch sehe, schmerzt mich das noch heute. So schaue ich den Menschen zu, wie sie die kleinen Bildchen, die ihr Gescheiten, Buchstaben nennt, anschauen und sie fast anbetet. Ich staune, mit welcher Ehrfurcht ihr die Bibel, diese vielen kleinen Bildchen, verehrt. Ich kann diese Bildchen nicht lesen. Ihr könnt es und verehrt sie. Diese Statuen sind meine Schrift, doch ihr könnt diese nicht lesen und werft mir dann vor, dass ich sie anbete, nur, weil ihr sie nicht lesen könnt. Diese Statuen sind die einzige Schrift, die ich lesen kann und ich wünschte mir, ihr würdet es auch etwas lernen, dann würdet ihr mich weniger verurteilen. Zugegeben, meine Buchstaben sind grösser als eure, doch beinhalten sie das Gleiche wie eure kleinen Buchstaben, die ihr ohne hinterfragen verehrt." Diese Antwort hatte ich nicht erwartet. Da war ein alter Mann, der nicht lesen und schreiben konnte und es gelang ihm mich zu öffnen. Ich dachte darüber nach, wie oft ich die Bibel schon an mein Herz gedrückt hatte und sie verehrte und erkannte nie, dass diese Statuen für einfache Herzen auch nichts anderes sind, als ein Teil der Bibel in deren Buchstaben geschrieben.

Es dauerte jedoch nur Sekunden und mich holte wieder meine Skepsis ein und ich fragte ihn: "Aber solch innige Heiligenverehrung? Für Menschen die tot sind? Und Totenbeschwörung ist doch auch Sünde." Zu meinem Erstaunen sagte er: "Nicht nur eine Sünde, eine grosse sogar. Doch hast du gesehen, dass ein Toter kam?" Von diesem Moment an waren wir einfach per 'Du'. Ich meinte, nein, ich sah nur eine Statue." Er antwortete, nein, du sahst weiterhin meine Buchstaben die ich lesen kann, genauso, wie du die deinen Buchstaben in der Bibel siehst, wenn du sie liest. Ich habe jedenfalls noch bei keinem der Klugen aus seiner Bibel einen Toten entsteigen sehen. Du etwa?" Ich musste plötzlich lachen und dachte, das wäre mal ein Film, dann verneinte ich es. Nun ging Jusuf in die Offensive und fragte "Hast du ein Problem mit Heiligenverehrung?" Ich war verdutzt über diese Kehrtwende und gab zur Antwort: "Zumindest kenne ich viele, die damit ein Problem haben." Er fragte mich: "Hast du mich bei Paulus schon gesehen?" "Ja." Sagte ich. Er meinte: "Ich liebe Paulus sehr, genauso wie Thomas. Weisst du, Christus hat uns Erlöst. Er ist der Weg, die Wahrheit und das Leben. Von ihm kann ich alles lernen, was ich brauche, um zum Himmel zu kommen. Von ihm kann ich sogar lernen, die Sünde zu meiden. Aber es gelingt mir persönlich nicht, von ihm zu lernen, wie ich mich verändern soll, wenn ich gesündigt habe. Und weisst du warum? Weil Jesus keine Sünde hatte. Ich habe sie jedoch und habe viele in meinem Leben begangen. Ich kann sie Jesus jeden Tag übergeben, doch wie geht der Weg der Besserung? Das lerne ich von den Heiligen. Sie waren allesamt Sünder. Paulus und Thomas in fast gleicher Weise wie ich. Schau, an Jesus kann ich keine Veränderung erkennen, er ist derselbe Gestern, Heute und Morgen; ohne Sünde, ohne Notwendigkeit sich zu bessern. Paulus aber und Thomas; an ihnen erkenne ich Veränderung auf dem Weg zur Heiligkeit. Paulus bezeichnet alle Christen als Heilige. Doch nicht jeder ist ein Vorbild für mich. Die Kirche hat immer wieder einige dieser Menschen als Heilige erklärt, sprich als Vorbilder auf dem Weg zur Heiligkeit. Oder glaubst du allen Ernstes das Märchen, das Saulus durch seine Bekehrung vom Saulus zum Paulus sofort ein Heiliger wurde?" Ich antwortete ihm: "Das dachte ich, ja." Er grinste verschmitzt und meinte: "Du verstehst ja nicht einmal deine eigenen Buchstaben, wie willst du denn meine verstehen." Ich musste lachen und retournierte: "Du wirst es mir gleich beibringen."

Er meinte: "Ich kann es versuchen. Saulus war ein stolzer Mann, er war bei der Ermordung von Christen dabei. Auch ich war bei der Ermordung von Menschen anwesend. Jesus schenkte ihm die Bekehrung, aber nicht die Demut, die musste er selber lernen. Paulus warf dem Petrus Heuchelei im Umgang mit den Juden vor, weil Petrus sich von den Heiden beim Essen zurückzog (Gal 2,11-12). Kurze Zeit später musste Paulus sich selbst ertappen, dass er noch ein viel der grössere Heuchler war, als er Timotheus um der Juden willen beschneiden liess (Apg 16,3). Oh, wie hat Gott ihn gedemütigt für seine stolze Attacke auf Petrus. Auch ich beschuldigte andere, nur um mich selbst kurze Zeit später in schwerer Sünde zu finden. Beide, Petrus und Paulus mussten die Demut so weit lernen, bis sie alles verloren. Petrus hing kopfüber am Kreuz und Paulus verlor sprichwörtlich seinen Kopf bei seiner Enthauptung. Auch ich habe in meinem Leben alles verloren und werde letztlich auch meinen Leib verlieren im Tode, wie Paulus und Petrus. Oder Thomas, der Zweifler. Er konnte erst Glauben als er die Wunden Christi berührte. Er fand dadurch den Mut am weitesten von allen Aposteln zu Reisen und zu predigen, bis nach Indien. Frag die Christen dort, wer ihnen das Evangelium brachte. Sie werden es dir sagen. Sie waren schon vor den Portugiesen und den Engländern Christen und bezeugen bis auf den heutigen Tag, dass Thomas sie lehrte. Doch auch er verlor alles und wurde erstochen. Der grösste Zweifler ging am Weitesten für Jesu. Im Krieg verlor auch ich meinen Glauben und fand ihn erst wieder bei der Pflege der Wunden von Freunden. So berühre ich heute jeden

Tag die Wunden des Herrn in meinem Buch und fühle sie inniger als du in deinem Buch. Und es stärkt meinen Glauben. Ich spüre die Dornenkrone Jesu in meinem Buch an meinem Leib, mehr als du in deinem Buch, und ich danke Gott, dass er mir so meine grossen Sünden vergeben hat. Wenn ich mein Buch an mein Herz drücke, spüre ich das Leiden Jesu, fühle seine Wunden mit meinen Fingern; mit deinem Buch gelang mir das noch nie und ich fand auch noch keinen, dem es gelang. Soll ich die nicht ihn Ehren halten, die mir helfen, den Weg zu Jesus durch ihr Beispiel, ihren Kampf gegen die Sündhaftigkeit zu gehen? Soll ich sie nicht bitten dürfen, mir durch ihr Beispiel zu helfen? Willst du mich zur Einsamkeit verdammen auf dem Weg eines Sünders, wo mich doch das Beispiel der Heiligen begleiten kann? Die übrigens nicht tot sind, denn Gott ist kein Gott der Toten sondern der Lebenden. Sie werden sogar im Leibe auferstehen und ihre Seelen sind bereits jetzt bei Gott."

Dann überraschte mich Jusuf erneut: "Du hast bestimmt auch ein Problem, wenn ich zu Maria bete. Ich bete Maria nicht an. Dann würde kein Gebet von ihr erhört. Ich flehe sie an, mit mir bei Christus für mich zu beten. Ich bin ein Sünder gewesen und oft auch noch heute. Ich erlebe es immer wieder, dass Christus mir nicht antwortet. Doch wenn ich seine Mutter bitte, mit mir zu beten, antwortet Jesus immer. Oder weisst du nicht, dass Jesu das erste Wunder auf die Fürbitte seiner Mutter wirkte? Weisst du nicht, dass sie die erste Christin war, die Jesus bereits anbetete, bevor er geboren war, in ihrem eigenen Schoss? Ist dir entgangen, dass sie der Tempel für die neue Bundeslade ist? Das Heiligtum, das sich Gott ausgesucht hat als seinen Tempel um Mensch zu werden? Wenn die Juden auf Gottes Geheiss den Tempel verehrten, in dem die Bundeslade stand, selbst als die Lade nicht mehr dort war, um wieviel mehr ist dann der Tempel zu verehren, in dem Gott Mensch geworden ist, selbst nach der Geburt? Sie ist für uns das grösste Vorbild an Demut unter allen Menschen. Sollen wir da nicht hinschauen dürfen, wie sie gelebt hat, um auch von ihr Demut zu lernen? Ich kann von Jesus lernen, ohne Sünde zu leben, doch nicht wirklich wie ich als Sünder den Weg zu ihm gehe, denn er hatte keine Sünde. Du kannst mich zu schwach nennen. Nun, dann rühme ich mich gerne meiner Schwachheit, denn in ihr bin ich stark. Heilige sind Helfer auf dem Weg zu Jesus, wie sprechende Wegweiser in den Bergen zum Gipfel. Wenn dir Wegweiser nicht hilfreich sind, zwingt dich keiner, diese zu beachten. Doch brauchst du dich dann auch nicht zu beschweren, wenn du vom Weg abkommst. Ah, ich sehe es an deinen Augen. Sprechende Wegweiser, he? Ja, das Wort deiner gedruckten Bibel sollte nicht toter Buchstabe sein, sondern in deinem Herzen lebendig werden und zu dir sprechen, genauso, wie meine Buchstaben in mir. Ich wundere mich manchmal über den Analphabetismus der heutigen Schriftkundigen, sie haben verlernt, die Bilder der Buchstaben lebendig werden zu lassen. Ihre Buchstaben sind tot. Weisst du, wenn einer eine Bibel in Deutsch hat, verurteilt er keinen, der eine in Chinesisch hat. Doch Chinesisch kennt keine Buchstaben, sondern nur Bilder, wenn auch sehr vereinfachte. Warum verurteilt derselbe Deutsche mich, der ich eine Bibel in anderen Bildern habe, als die Chinesen, aber eben doch eine Bibel? Schlimmer noch, warum verurteilt der Deutsche einen anderen Deutschen, der versucht die Schriftzeichen meiner Bibel zu erlernen und zu verstehen?"

Ich konnte Jusuf nur antworten: "Weil der Deutsche es vermutlich nie aus deinem Blickwinkel betrachtet." Er entgegnete: "Ja, jede Sprache ist ein anderer Weg, mit dem Ziel derselben Erkenntnis: 'Drei Männer stritten, welches der richtige Weg nach Berlin sei. Der Münchner sagte, der nach Norden. Der aus Rostock meinte, der nach Süden selbstverständlich. Einer aus Bonn schüttelte den Kopf und sagte, so kommt ihr nie nach Berlin. Nur nach Osten ist richtig. Jeder verurteilte den Anderen als Dummkopf und jeder marschierte los, nach seiner Vorstellung. Sie kamen alle in Berlin an.' So steht auch Jesus für jeden in einer anderen Richtung, wenngleich für alle am selben Ort. Du, mein lieber musst nach Nordwesten." Scherzte Jusuf mir zum Schluss zu und verliess mich.

Kapitel 2 – Der alte Jusuf und die heilige Messe

Auf einer weiteren Reise besuchte ich kürzlich wieder die kleine Kirche, nun in Begleitung eines Priesters. Wir schlichen uns gleichsam wieder in die Kirche und setzten uns ganz hinten in eine Bank. Wie die Vorsehung es wollte, befand sich Jusuf wieder darin, in einem innig vertieften Gebet.

Diesmal, auch weil ich nicht alleine war, räusperte ich mich, um ihn nicht in Verlegenheit zu bringen. Jusuf drehte sich um und schaute musternd in unsere Richtung. Dann begannen seine Augen zu leuchten und er kam auf uns zu und sagte mit seiner gewohnt liebevollen Stimme: "Ah, der Mann aus dem Nordwesten. Und dieses Mal hat er sogar jemanden mitgebracht zu meinen Heiligen." Ich war erstaunt, dass er mich noch kannte und antwortete: "Ja; du erinnerst dich noch an mich?" Er lächelte etwas verschmitzt und nickte mit den Worten: "Ja, der Mann der viele Buchstaben kennt, aber meine nicht lesen kann."

Mein Begleiter kannte zum Glück mein vergangenes Erlebnis mit Jusuf, sonst wäre ich jetzt in Verlegenheit geraten. Dann kam ich einer Frage oder Bemerkung Jusufs zuvor und stellte meinen Begleiter vor. Jusuf ergriff eine Hochachtung vor meinem Begleiter, wenngleich er auch eine gewisse Skepsis nicht verbergen konnte. So versuchte mein Begleiter das 'Eis' etwas zu brechen und begann ein höfliches recht belangloses Gespräch mit Jusuf. Das konnte nicht gut gehen. Nach wenigen Sätzen sagte Jusuf: "Wem willst du Honig um den Bart schmieren? Es ist nicht nötig Gott mit leeren Worten den Tag zu stehlen. Sage, was Du bedenkst und bedenke, was Du sagst. Du hast es gut gemeint, aber ich bin anders. Ich bin keines deiner verweichlichten Schafe aus dem Westen." Mein Begleiter war etwas konsterniert ob der Worte Jusufs, doch bemühte er sich redlich, sich dies nicht ansehen zu lassen. Er bemühte sich direkter zu sein und klare kurze Fragen zu stellen. Und so fragte er: "Finden hier häufig Gottesdienste statt?"

Da blickte Jusuf traurig zu Boden und entgegnete: "Vor meiner Zeit täglich, zu meiner Zeit wöchentlich und am Ende meiner Zeit jährlich." Mein Begleiter fragte: "Wer verwaltet denn diese Kirche jetzt, wem gehört sie?" Jusuf sagte: "Verwalten? Gehören? Gehören tut sie Gott, denn es ist eine Kirche. Für sie schauen tu ich und einmal im Jahr kommt ein Pope vorbei, der hier mit einigen alten Leuten Messe feiert. Unter Kaisers Zeiten Katholisch Lateinisch, dann Altslawisch und jetzt, was gerade kommt." Mein Begleiter fragte: Zu welchem Bistum gehört sie denn? Welcher Bischof ist denn zuständig?" Jusuf meinte: "Was ihr Geistlichen für Fragen stellt? Einen Bischof habe ich hier noch nie gesehen, die Mauern antworten mir nicht, diese Buchstaben kann ich nicht lesen und meinen Heiligen scheint das nicht wichtig zu sein. Wenn einer kommt und die heilige Messe lesen will, dann mache ich ihm auf und bete mit ihm, wenn ich ihn verstehe." Mein Begleiter wollte seine Frage rechtfertigen und fragte: "Was sind denn für liturgische Bücher in der Kirche?" Jusuf meinte nur: "Komm und sie selbst."

So gingen wir dann gemeinsam in eine kleine Sakristei und fanden einige Bücher, sorgfältig von Jusuf gepflegt und in einem Schrank aufbewahrt. Da fanden sich noch Messbücher aus Kaisers Zeiten in Latein, dann gab es liturgische Bücher, die offensichtlich in Kyrillisch waren, also in Kirchenslawisch und ein neueres Messbuch in Italienisch, das offensichtlich ein italienischer Priester hier vergessen hatte. Ein Messbuch in Deutsch war nicht zu finden, dafür ein altes Gesangbuch in Deutsch, das Jusuf als Andenken aus Deutschland mitbrachte, nach dem Krieg. In einem weiteren Schrank waren noch einige Messgewänder. Auch sie setzten sich in derselben liturgischen Vielfalt zusammen, jedoch von Jusuf feinsäuberlich getrennt.

Mein Begleiter meinte dann: "Nun, die alten lateinischen Bücher sind leider nicht mehr vollständig, Kirchenslawisch verstehe ich nicht und Italienisch beherrsche ich zu wenig. – Wäre es denn möglich hier eine heilige Messe zu lesen?" Jusuf schaute ganz verwundert, als ob er sagen wollte, wozu habe ich dir denn all das gezeigt und nickte zustimmend. Mein Begleiter meinte dann, er hätte ein 'Ferienmessbüchlein' bei sich und könnte somit mit vollständigen Texten auf Deutsch feiern. Jusuf strahlte über sein ganzes Gesicht und meinte: "Eine heilige Messe in Deutsch? Das gab es hier noch nie, da verstehe ich sogar alles."

Mein Begleiter fragte: "Ist das für sie kein Problem, wenn es nicht in Latein oder Kirchenslawisch ist?"

Diese Frage hätte er besser nicht gestellt, denn jetzt bekam der promovierte Doktor einen Vortrag in liturgischer Theologie, den er sein Leben lang nicht mehr vergisst. Zuerst begann es noch 'gnädig' mit der Frage Jusufs: "Kannst du es in Ehrfurcht vor dem Herrn in Deutsch?" Mein Begleiter bejahte dies. Dann begann die Lehrstunde in fundamentalster Liebestheologie betreffs der Eucharistie à la Jusuf.

Jusuf fragte: "Hat Gott nicht alle Sprachen geschaffen, damit man ihn in allen Sprachen lobt und preist? Und wann wurde die erste heilige Messe auf der Welt gefeiert?" Mein Begleiter antwortete: "Ich vermute, sie spielen auf das Letzte Abendmahl am Hohen Donnerstag von Jesu an." Jusuf entgegnete: "Ich spiele nicht, es war dann. Und Jesus feierte diese erste heilige Messe in Aramäisch bzw. Hebräisch und die heilige Messe des Kreuzes wurden von Jesus mit aramäischen Gebeten bestätigt. Er betete am Kreuz nicht plötzlich Lateinisch oder Englisch oder Kirchenslawisch. Habe ich Recht?" Der Priester antwortete: "So wird es gewesen sein." Jusuf fuhr fort: "Und die Apostel feierten das 'Brotbrechen', wie es im Evangelium heisst, mit den ersten Christen auch in der Sprache, die sie sprachen und verstanden, richtig?" Jusuf wartete die Antwort schon gar nicht ab, als ob er wusste, dass ohnedies nichts Klares dabei rauskommen würde. So fuhr er weiter: "Und als der Apostel Paulus nach Griechenland kam, feierte er dort auch nicht in Aramäisch, sondern in Griechisch. Genauso der Apostel Petrus, der nach Rom kam. Er feierte dort weder in Aramäisch noch Etruskisch, denn das dürfte er nicht beherrscht haben und auch kaum in Latein, sondern in Griechisch, weil die Leute in Rom damals die damalige Weltsprache Griechisch verstanden. Latein kam erst als neue Amtssprache so richtig in Mode. Genauso hielten es die heiligen Cyril und Methodius, die die Slawen christianisierten. Sie feierten die heilige Messe weder in Aramäisch noch in Griechisch und schon gar nicht in Latein, sondern in Altslawisch. Es war immer die Sprache, welche die Menschen verstanden. Nur heute, heute feiert hier keiner mehr in Aramäisch, denn keiner versteht es mehr. Heute feiern sie es in Altgriechisch und keiner versteht es mehr. Heute feiern sie es in Lateinisch und keiner versteht es mehr. Heute feiern sie es in Altslawisch und keiner versteht es mehr. Wenn man schon christlicher sein will als Christus, dann müsste die ganze Welt in Aramäisch feiern, der Sprache, die Jesus sprach, oder wenigstens in Althebräisch, nur, das versteht auch keiner mehr. Sie sind alle Pharisäer, sie halten an toten Sprachen fest, damit es nur keiner verstehe, auch sie selber nicht. Und die, welche in der Sprache feiern, welche die Leute verstehen, glauben nicht mehr und somit versteht es auch keiner mehr. Ihr Priester und ihr 'Frommen', ihr streitet über Sprache und Handbewegungen über die Form von Messgewändern und Buchdeckel, wie die Pharisäer. Ihr haltet Pfannen und Schüsseln aussen sauber, innen aber seid ihr wie Moder und faulende Gräber. Ihr streitet um den Buchstaben des Gesetzes, das ihr selber aufgestellt habt, aber der Inhalt des Gesetzes Gottes verleugnet ihr. Feiere die heilige Messe in welcher Sprache auch immer und entschuldige dich nicht für die Sprache, entschuldige dich lieber dafür, dass du nicht mehr an das glaubst, was dort geschieht, die Vergegenwärtigung des Leidens und der Auferstehung Christi in seinem Fleisch und Blut. Die Vergegenwärtigung unserer Erlösung. – Willst du jetzt die heilige Messe feiern oder nicht?"

Mein lieber Begleiter war verwundert über die 'Wucht' der Argumente und wollte keinen Fehler machen und fragte: "Wollen sie Handkommunion oder Mundkommunion?" Oh, was hat er da nur gefragt.

Jusuf geriet in Rage und antwortete: "Wieder so eine Pharisäer-Frage. Was macht den Menschen unrein? Was in den Menschen hineinkommt oder was aus dem Mund herauskommt? Hat nicht Jesus die Pharisäer wegen ihrer Kleinlichkeit die Hände zu waschen getadelt, weil die Apostel sie nicht wuschen? Oh, ihr Schlangenbrut, streitet wieder über die Form, sozusagen über die Farbe des Deckels des Topfes, anstatt über dessen Inhalt. Glaubst du, die Kopten feiern das exakt gleiche Ritual wie die Römer und diese wie die Orthodoxen und diese wie die Inder und, und, und? Alle haben eine andere Form und doch den gleichen Inhalt, die gleichen Wandlungsworte aus der Bibel und alle haben sie geweihte Priester, die auf die Apostel zurückgehen. Was fragst Du mich, ob ich den Leib des Herrn in meine Hände nehme oder auf meine Zunge? Glaub mir, wenn ich könnte würde ich sie durch die Hände direkt in den Körper aufnehmen, denn diese sündigten weit weniger, als meine Zunge. Wenn es dir um meine Seele ginge, hättest du mich nicht gefragt, ob ich Hand oder Mundkommunion nehme, sondern ob ich vorher beichten möchte. Das wäre eine Hilfe gewesen."

Mein Begleiter fragte somit in erstaunlicher Ruhe: "Willst du beichten?" Jusuf antwortete: "JA" Der Priester fragte: "Welche Sünden hast du denn begangen?" Jusuf kamen die Tränen und er sagte: "Ich habe einen Priester beschimpft." Dann musste auch mein Begleiter weinen, ob dieser reinen Seele und er nahm Jusuf in die Arme und sie weinten beide minutenlang, bis mein Begleiter sich wieder fasste und sprach: "Deine Sünden sind dir vergeben."

Schliesslich begann die 'Ferienmesse' auf Deutsch in jener kleinen Kirche. Sie war gekennzeichnet von vielen Unterbrüchen, in den einfach nur Tränen flossen, von Jusuf, von meinem Begleiter und von mir selbst. Es war die innigste Erfahrung eines Gottesdienstes in einer Kirche, die ich je hatte. Nach der heiligen Messe bedankte sich mein Begleiter bei Jusuf für die Gelegenheit und entschuldigte sich für die Unterbrüche während der Messe wegen der Tränen. Jusuf antwortete: "Nein, nicht doch! Das war die innigste heilige Messe meines Lebens." Dann verabschiedeten wir uns, der Priester gab Jusuf noch den Segen und dann gingen wir von dannen.

Auf der Heimfahrt meinte mein Begleiter zu mir: "Dieser Jusuf war mehr wert, als viele Jahre Studium."

Nach diesem Erlebnis war mir klar, Jusuf muss ich wieder sehen und zwar bald. Ich beschloss deshalb, meine nahenden Ferien an jenem Ort zu verbringen.

Kapitel 3 – Der alte Jusuf und das Wiedersehen

Die alte Turmuhr jener kleinen Kirche hatte gerade elf Mal geschlagen, als ich mich ihr wieder näherte. Meinen Wagen stellte ich bei der kleinen Kirche ab und in ihm hatte ich Gepäck mit Kleidern für mehrere Tage. Ich war entschlossen, von Jusuf zu lernen, in der Hoffnung, dass er noch lebte. Fast ängstlich näherte ich mich dem Kircheneingang, in der Befürchtung, es könnte zu spät sein und 'mein' Jusuf bereits verschieden sein. Zudem plagte mich das Gewissen, denn ich hatte ihm nichts von meinen Ferien mitgeteilt, hatte ich doch weder eine exakte Anschrift noch eine Telefonnummer. Obendrein hatte ich keine Ahnung, ob es in der Nähe überhaupt ein Hotel oder eine Pension oder etwas Ähnliches gab, in der man einige Tage wohnen könnte. Dem allem noch nicht genug, wusste ich auch nicht, ob es Jusuf recht war, so in Anspruch genommen zu werden von mir. Ich war noch nicht Mal richtig ausgestiegen, kam Jusuf auch schon aus der Kirche und bemerkte etwas verwundert: "Ich musste jetzt doch schauen, wer da das Ende meines Angelus Gebetes mit fremdem Motorenlärm begleitete. Ich wusste nur, einer unsere Leute kann es nicht sein, denn diese Traktoren kenne ich alle am Geräusch. Dich habe ich allerdings nicht so bald wieder erwartet."

Fast überflüssigerweise fragte ich: "Störe ich dich auch nicht?" Jusuf lachte und meinte: "Und wenn es so wäre, was würde es ändern? Du bist nun Mal hier, so sei willkommen." Ich wollte auch gar nicht lange um den heissen Brei reden, wusste ich doch, das Jusuf dies nicht leiden kann und ich sagte deshalb unverblümt und direkt: "Nun, ich war von unseren letzten Begegnungen sehr beeindruckt und habe deshalb beschlossen, meinen Urlaub hier zu verbringen, in der Hoffnung, von dir noch viel lernen zu können." Jusuf schaute mich völlig entgeistert an und es schien, als fehlten ihm seit Jahren das erste Mal die Worte. Nachdem er sich wieder etwas fing, meinte er: "Von mir etwas lernen? Von mir kannst du nur lernen Kartoffeln zu pflanzen." Nun, das war es eigentlich nicht, was ich meinte und so ergänzte ich: "Ich wollte mehr über deine Weisheit lernen." Nun war Jusuf noch verdutzter und meinte: "Weisheit lerne von Gott, aber nicht von mir. Ich kann dir keine Weisheit beibringen, du bist doch viel studierter und gescheiter als ich." Jetzt wurde es langsam schwierig zu argumentieren und ich fürchtete bereits, dies sei ein höflicher 'Rauswurf'. Doch so leicht wollte ich mich dann doch nicht geschlagen geben. So versuchte ich es auf eine andere Art und entgegnete: "Jusuf, du betest viel und hast viel über Gott nachgedacht und über Gott erfahren. Du hast Erkenntnisse erlangt, die ich auf der Universität nicht lernen kann. Du weisst, die Dinge einfach zu nehmen und zu sehen. Ich denke viel zu kompliziert und alles ist schwierig. Ich brauche jemanden, der mir hilft, weniger kompliziert zu denken." Da lachte Jusuf und neckte: "Ach so, du willst so dumm werden wie ich. Gratuliere. Du bist der erste Intelligente, der dümmer werden will und ich wollte immer intelligenter werden. So lass uns denn gegenseitig voneinander lernen, so kannst du dümmer werden und ich intelligenter." Nun, das war geschafft. Nun war noch die Frage der Unterkunft zu klären und so fragte ich: "Gibt es in der Nähe ein Hotel oder etwas ähnliches?" Jusuf antwortete: "Nun, das nicht, aber es gibt da eine Schenke im Ort, die hatte auch ein Gästezimmer, das zwar seit Jahren nicht gebraucht wurde, seit der alte Knecht dort gestorben ist. Ich werde fragen. Ich wohne gleich da in der Nähe und gehe jeden Tag zu Fuss hierher in die Kirche, es sind nur gut anderthalb Kilometer. Das ist ein guter Spaziergang und hält frisch. Am Morgen und am Nachmittag arbeite ich auf meinem Kartoffel- und Gemüsefeld, gleich hier neben der Kirche. So merken die Leute nicht, dass ich oft in der Kirche bin, ich bin dann einfach jeden Tag auf dem Felde, was ja auch stimmt. Das Auto lässt du dann aber am besten bei der Schenke stehen. Den Leuten sagen wir ganz einfach, du interessierst dich für das Landleben hier und die Natur. Das stimmt doch hoffentlich? Ich will nicht lügen." Ich gab ihm Recht und so fuhren wir gemeinsam in den Ort zu der Schenke.

Nach anfänglichen Schwierigkeiten konnte ich das Zimmer bekommen, doch es musste erst noch hergerichtet werden. So liess ich mein Auto bei der Schenke stehen und das Zimmer sollte bis zum Abend bereit sein. Jusuf und ich machten uns zu Fuss auf den Weg.

Kaum aus der Türe der Schenke machte mich Jusuf auf ein altes Hufeisen auf der Strasse aufmerksam und hiess mich es mitzunehmen. Ich fand es nicht der Mühe, mich darum zu bemühen, war es doch nur Schrott. Was ich nicht wusste, war, dass meine Lektion bereits begonnen hatte. Jusuf hob es nun selbst auf und verschwand kurz damit um die Ecke in ein Geschäft und kam mit einer Papiertüte wieder heraus. So schlenderten wir dann gemütlich in Richtung Felder und Kirche. Ob all der Aufregungen aufgrund meines unvorbereiteten Eintreffens bei Jusuf entging mir völlig, dass ich langsam etwas Hunger hatte. Jusuf hingegen zog aus seiner Tüte eine Kirsche nach der anderen und ass sie genüsslich. Dann viel eine aus der Tüte auf den Weg und ich bückte mich rasch, wischte sie etwas ab und ass sie, sie war wundervoll. Dies geschah mehrere Male, so gut alle 100 Meter. Schliesslich kamen wir bei der kleinen Kirche an und das war gut, denn die Kirschen waren auch zu Ende und die Papiertüte leer. Jusuf faltete sie sorgsam zusammen und brachte sie in eine kleine Feldhütte, die etwa 50 Meter von der Kirche entfernt hinter einigen grossen Büschen stand. Die Hütte ist mir zuvor nicht aufgefallen. Jusuf sagte lachend, komm herein, das ist meine Zweitwohnung. So trat ich ein. Es war alles sehr karg, doch hingen da diverse Speisen an Schnüren von der Decke und einige Kisten mit Früchten. Jusuf sagte: "Du hast bestimmt Hunger, die paar Kirschen haben dich sicherlich nicht satt gemacht, die du aufgelesen hast." Ich schämte mich, doch eigentlich mehr, weil er es bemerkt hatte. So fragte ich ihn: "Du hast das bemerkt?" Er entgegnete: "Ich habe sie ja absichtlich fallen lassen." "Wie, du hast sie absichtlich fallen gelassen?" Fragte ich zurück. Er meinte nur: "Ja." Dann forderte er mich auf, mich auf eine Kiste zu setzen und wir assen gemütlich zusammen.

Was aus diesem 'Tischgespräch' erwuchs folgt im nächsten Kapitel.

Kapitel 4 – Der alte Jusuf und die elf Gebote

Ein Balken in der alten Hütte knarrte und schreckte mich auf. Jusuf blieb ganz ruhig und meinte nur: "Das ist das Knarren deines Gewissens." Zu diesem Vergleich konnte ich keinen Zugang finden, denn ich fühlte mich nicht schlecht. So fragte ich ihn: "Wie meinst du das?" Jusuf antwortete: "Ich gab dir eine Weisung, sozusagen ein Gebot, das Hufeisen aufzulesen. Einmal hättest du dich Verdemütigen müssen, einmal klein machen, einmal Bücken, doch du tatest es nicht. Wie oft musstest du dich danach bücken für die süssen Kirschen, die ich für das Hufeisen eintauschte?" Ich sagte ihm: "Ich habe keine Ahnung; sechs bis sieben Mal?" Jusuf korrigierte mich: "Nein, es waren genau elf Mal, denn elf Kirschen liess ich fallen." Erstaunt meinte ich: "So oft, das ist mir gar nicht recht aufgefallen. Warum hast du das getan? Was möchtest du mir damit sagen?" Jusuf lächelte: "Du glaubst, du hast ein Gebot übertreten, doch wer ein Gebot übertritt, übertritt nicht nur ein Gebot, er übertritt das Gesetz, die Gebote an sich. So liess ich dich elf Mal bücken." Ich entgegnete: "Moment, es gibt doch nur zehn Gebote! Du hast geflunkert." Jusuf bat mich, die Gebote aufzuzählen und so begann ich, etwas Schweissgebadet, da ich nicht sicher war, sie alle auf die Reihe zu kriegen: (Ex 20,2-17; Dtn 5,6-21)

1. Ich bin der Herr, dein Gott. Du sollst keine fremden Götter neben mir haben!
2. Du sollst den Namen Gottes nicht verunehren!
3. Du sollst den Sabbat (Sonntag – Tag des Herrn) heiligen!
4. Du sollst Vater und Mutter ehren, auf dass es dir wohl ergehe und du lange lebst auf Erden!
5. Du sollst nicht morden/töten!
6. Du sollst nicht Unkeuschheit treiben!
7. Du sollst nicht stehlen!

8. Du sollst kein falsches Zeugnis geben wider deinen Nächsten!
9. Du sollst nicht begehren deines Nächsten Frau / Mann!
10. Du sollst nicht begehren deines Nächsten Hab und Gut!

Ich war mächtig stolz, dass ich sie, zwar mit Mühe, aber doch hingekriegt habe. Und mit geschwelgter Brust sagte ich: "Siehst du, es gibt nicht elf, nur zehn und: 'Du sollst dich nicht erwischen lassen' gilt ja wohl nicht als elftes Gebot."

Jusuf war ob meines 'Triumpfscherzes' nicht besonders erfreut und meinte: "Mit den Geboten Gottes scherzt man nicht, nein das meinte ich bestimmt nicht. Doch Jesus sagte:"

11. Ein neues Gebot gebe ich euch: 'Liebt einander, wie ich (Christus, Jesus) euch geliebt habe. Es gibt keine grössere Liebe, als wenn einer sein Leben für seine Freunde hingibt.' (Joh 13,34; Joh 15,12-13)

Nun wurde mir klar, dass Jusuf zwar ein sehr humorvoller Mann war, doch mit Gott liess er nicht Scherzen. Zudem beschämte er mich, denn an dieses Gebot dachte ich wirklich nicht. Zum Glück fuhr Jusuf selber weiter: "Siehst du, diese elf Gebote bilden eine Einheit, sie sind eins, ein Ganzes. Du kannst nicht nur ein Gebot übertreten, du übertrittst die Ganzheit der Gebote. Du kannst auch nicht sagen, wenn du einem Mann den Arm verletzt, ich habe nur einen Arm verletzt. Du hast die Ganzheit verletzt, einen Menschen. Darum ist es so wichtig, über die Gebote Gottes nicht zu scherzen und sie als Ganzheit zu sehen. Du kannst bei der Übertretung eines Gebotes nicht sagen, ich habe ja nur den 'Arm Gottes' verletzt, aber nicht seine 'Beine'; wenn du einen 'Teil' verletzt, verletzt du den 'ganzen Gott'. – Du hast das Hufeisen nicht aufgelesen, weil es in deinen Augen nur Schrott war, nutzlos. Doch damit hast du vergessen, dass der Schmied das Metall wieder verwerten kann und ein neues Eisen daraus machen kann. Ein Pferd bekommt dadurch ein neues Eisen und leidet weniger. Der

Bauer der dieses Pferd hat pflügt mehr und erntet mehr, dadurch werden mehr Menschen satt. Es geht nicht an, die Dinge nur im Einzelnen zu sehen. Alles hat immer Auswirkungen auf alles. Ein Sportler kann auch nicht sagen, ich habe ja nur Magenschmerzen, meine Beine sind gesund, darum werde ich das Rennen laufen und gewinnen. Wenn der Bauch schmerzt, versagen auch die Beine und der Läufer verliert das Rennen. – Wenn du mit einem Fuss in ein Fangeisen eines Jägers gerätst, ist auch nicht nur dein Fuss gefangen, dein ganzer Körper ist gefangen. Wenn du also 'nur' ein Gebot übertrittst, übertritt der ganze Mensch das Gebot und die Einheit der Gebote und somit das Ganze Gebot/Gesetz."

Wiederum beschämt von diesem einfachen Geist fragte ich ihn: "Kannst du mir die Gebote etwas genauer erklären?" Er antwortete, wie der Blitz: "Was nützt dir das? Lies Bücher darüber, da gibt es genug, die dich danach elend und als Versager fühlen lassen, weil du danach weisst, dass du der grösste Sünder von allen bist und ein einziges Versagen. Was nützt dir das? Die Pfarrer predigen, wenn überhaupt noch über die Gebote, nur noch, was alles Sünde ist, wie man sie am besten ignoriert, da man sonst Wahnsinnig werde und am besten alle Sünde toleriere. Abtreibung, Homosexualität, Ehebruch, Ausnutzung, Korruption, Übervorteilung, Raub und, und, und wird dir da zu tolerieren empfohlen. Alle Sünde soll willkommen geheissen werden, da die Pfarrer nur noch das Rezept kennen: 'Wenn man kein Mittel dagegen hat, dann erklärt man es am besten für Normal und gut.' Was für ein Irrtum! Die Pfarrer kennen nicht mehr die Wege Gottes und die Lehren der Wüstenväter. Diese wussten und lehrten, wie man der Sünde begegnet. Der Sünde begegnet man nicht durch Toleranz und Ignoranz, also Lauheit, sondern durch die Gebote in der Wahrheit. Nicht nur, indem man die Wahrheit sagt, sondern die Wahrheit tut. Die Wahrheit tun bedeutet, auf das Leben Christi Jesu schauen und es genauso tun. Jesus ist der Weg, die Wahrheit und das Leben. Wer also lebt und handelt wie Jesus, der tut die Wahrheit. Wer lebt und handelt wie die Pharisäer die andere religiös ausbeuteten, bestraften und richteten, tut die Lüge und somit das Werk Satans, aber sicherlich nicht die Gebote Gottes. Wenn du also Erklärung willst, frage lieber danach, wie du einen Schutz gegen das Fallen in die Sünde erreichen kannst, beziehungsweise wie du die Gebote erfüllen kannst."

Ich bat ihn: "Kannst du mir beides mit wenigen Worten verständlich erklären?" Jusuf lächelte: "Kompliziert kann ich es nicht."

So begann er jedes Gebot kurz zu erklären und die beste Möglichkeit der Befolgung des Gebotes aufzuzeigen:

1. Ich bin der Herr, dein Gott. Du sollst keine fremden Götter neben mir haben!

Fremde Götter sind nicht nur Götzen aus Metall, Stein oder Holz, wie Buddha Statuen usw. Ein Götze ist alles, woran das Herz mehr hängt, als an Gott.

- Ziehe ich das Auto, das Haus, das Geld, usw. Gott vor? Oder bin ich bereit auf alles zu verzichten, das ich nicht wirklich zum Leben und zur Arbeit benötige?
- Was täte ich, wenn ich morgen aufwachte und all dies, was ich habe, nicht mehr da wäre? Wenn das Geld keinen Wert mehr hätte, das Haus nicht mehr da und keine Versicherung zahlen würde? Wäre mein Leben gefährdet? Würde ich fluchen und hadern? Oder wäre ich fähig, es in vollem Vertrauen auf Gott zu akzeptieren?
- Ist mir jede Sportsendung usw. wichtiger als Gott? Oder widme ich Gott jeden Tag gleichviel Zeit wie für Freizeitaktivitäten und Zerstreuung, Einkaufen und Vergnügen?

Dieses Gebot befolgst du am besten, indem du barmherzig (freigiebig / grosszügig / liebevoll) zu allen bist und an nichts weltlichem hängst.

2. Du sollst den Namen Gottes nicht verunehren!

Den Namen Gottes verunehren wir nicht nur beim aktiven Fluchen. Der Begriff 'Name Gottes' bezeichnet das ganze Wesen Gottes.

- Beleidige ich Gott durch zweifelhafte Witze oder direktes Fluchen?
- Weise ich den Heiligen Geist ab, der mich in meinem Gewissen warnte?
- Behaupte ich, dass Menschen, die prophetisch reden, teuflisch reden?
- Erkläre ich für 'Gut', wovon ich weiss, dass es 'Böse' ist?
- Erkläre ich für 'Richtig', wovon ich weiss, dass es 'Falsch' ist?
- Fühle ich unmittelbar nach einer schlechten Tat Reue und bitte Gott um Vergebung oder denke ich, Gott kann warten?

Dieses Gebot befolgen wir am besten, wenn wir stets auf unser Gewissen hören und uns nicht beirren lassen von bösen Einflüsterungen. Zudem hilft es sehr, wenn wir stets die Mitmenschen loben und nicht uns selber. (Echte Bescheidenheit)

3. Du sollst den Sabbat (Sonntag – Tag des Herrn) heiligen!

Der Tag des Herrn ist von Gott dem Menschen geschenkt, damit er an ihm nicht arbeitet, sondern Zeit (mit der Familie) für Gott hat.

- Mache ich am Tag des Herrn Geschäfte?
- Renne ich von einem Sportanlass zum nächsten?

- Arbeite ich an meinem Haus an diesem Tag?
- Wenn ich arbeiten muss, weil ich berufsbedingt gezwungen bin dazu, halte ich dann den anderen freien Tag als Tag des Herrn?
- Besuche ich die Eucharistie, wo Christus in seinem Leib und Blut in der Gestalt von Brot und Wein gegenwärtig wird, oder schlafe ich lieber aus?
- Erachte ich die alttestamentlichen Festtage höher, nur weil mein Stolz nicht einsieht, dass Christus die Erfüllung des Alten Testamentes ist und daher über dessen Feiertagen steht?

Hier empfiehlt es sich regelmässig den Leib des Herrn zu empfangen in der Heiligen Kommunion und mit anderen gemeinsam zu beten. Wie Jesus es uns zeigt, bietet sich dieser Tag besonders für Nächstenliebe an, denn er heilte besonders an diesem Tag Kranke. Macht es zu einem Tag des Lobes Gottes und der Grosszügigkeit.

4. Du sollst Vater und Mutter ehren, auf dass es dir wohl ergehe und du lange lebst auf Erden!

Ich soll die Eltern mindestens so lieben, wie sie mich lieben und ihnen daher gehorchen. Wer schlechte Eltern hatte, dem fällt dieses Gebot schwer. Doch es ist sehr zentral, denn wenn ich den Eltern nicht mehr Ehre entgegenbringe, wie sie mir, dann wird Familienhass über Generationen weitergegeben werden.

- Bin ich besorgt um das Wohlergehen der Eltern, selbst wenn sie mich zurückweisen? Auch Christus hatte das Wohlergehen der Menschen im Sinn, die ihn zurückwiesen.
- Versuche ich Wut und Zorn gegen die Eltern durch Gebet und Segen zu überwinden oder durch Verwünschung?
- Bin ich ein besserer Elternteil, als ich es selber erlebt habe? Dies geht auch dann, wenn ich selber keine Kinder habe, denn ich kann auch Elternteil für fremde Kinder sein. Ich kann auch

Kind sein, hinsichtlich anderer alter Menschen, wenn ich keine Eltern mehr habe.

Dieses Gebot erfüllen wir, wenn wir Zeit den Eltern und Kindern widmen. Alleinstehende Menschen können dieses Gebot sehr gut erfüllen, indem sie andere Menschen im Gebet zu Christus erheben: 'Jesus, ich hebe diese Seele zu Dir, hilf ihr, Dir nahe zu sein.'

5. Du sollst nicht morden/töten!

Dieses Gebot beinhaltet viel mehr, als nur physische Gewalt. Es beinhaltet grundsätzlich Respekt vor jedem Menschen, egal ob Arm oder Reich, Ungeboren oder Sterbend im Alter.

- Habe ich jemandem das Leben physisch genommen? Vielleicht durch Abtreibung oder Tötung von alten Menschen? Das erste konnte sich noch nicht entfalten und das zweite wurde gehindert Gott in seiner Vollendung entgegen zu gehen.
- Habe ich jemandem seinen Ruf beschädigt, so dass er für die Gesellschaft quasi tot ist? Rufmord?
- Habe ich jemandes Ehre ruiniert aus Neid und Missgunst, so dass er Selbstmord begangen hat oder sein Leben lang gezeichnet ist?
- Hatte ich den Mut, für solche Taten die betreffenden um Vergebung zu bitten?

Dieses Gebot halten wir indem wir vollen Respekt für alle Menschen haben, ob geboren oder ungeboren, ob jung oder alt, ob drogenabhängig oder angesehen. Jeder Mensch ist genauso Geschöpf Gottes, wie ich selber auch. Ich bin somit kein Deut besser, als der Verachtetste.

6. Du sollst nicht Unkeuschheit treiben!

Dieses Gebot beinhaltet die Reinheit. Es ist zweifellos eines der Gebote, die am meisten verletzt werden, da es heute sehr unmerklich geschieht. Wir sollen rein sein, nicht unrein (unanständig).

- Schaue ich Pornographie an oder wende ich meinen Blick ab?
- Ist mein Leben "Sexbestimmt" und nicht Gottbestimmt? (Hurerei, Homosexualität usw.)
- Erzähle ich schlüpfrige Witze oder versuche ich es zusehends mit anständigem Humor?
- Missbrauche ich jemanden? Vielleicht Kinder?
- Ziehe ich mich anständig bescheiden an oder aufreizend modern?
- Lege ich allen Wert auf mein äusseres Erscheinungsbild, obwohl es nicht beruflich zwingend nötig ist, oder fördere ich die innere Schönheit?
- Kritisiere ich andere, weil sie unmodern gestylt sind oder könnten sie ein Vorbild in Bescheidenheit sein?

Dieses Gebot wird am besten erreicht, indem man eine freundschaftliche Beziehung zu Jesus hat. Am einfachsten täglich einen stillen Ort aufsuchen und im Geiste Jesus die Wahrheit schildern. Ihm sozusagen, als dem allerbesten Freund, alles offenlegen, was uns bedrückt, was uns misslungen ist und wo wir seelische Mängel haben. Mit etwas Übung werden wir ihn in uns hören können, ganz leise, zart und liebevoll. Hören wir eine laute unwirsche und beklemmende Stimme, dann ist es der Böse, aber nicht Jesus. Jesu Worte bauen korrigierend auf. Die Worte des Bösen rechtfertigen unsere Taten, schüren Abneigung gegen andere und Verurteilen andere oder uns selbst.

7. Du sollst nicht stehlen!

Dieses Gebot ruft uns besonders auf, Selbstachtung und Achtung vor den Leistungen anderer zu haben.
- Habe ich etwas Unterschlagen?
- Habe ich Bestechung angenommen oder angeboten?
- Habe ich die Allgemeinheit (Staat, Versicherung usw.) ungerechtfertigter Weise ausgenutzt und Leistungen bezogen, die mir nicht zustanden; aus mangelnder Notwendigkeit oder Faulheit?
- Habe ich direkt gestohlen, z.B. in einem Geschäft?
- Habe ich das Eigentum anderer beschädigt?
- Habe ich anderen ihr geistiges Eigentum gestohlen?
- Habe ich anderen ihren Ruhm, ihre Ehre gestohlen beziehungsweise abgeschnitten?

Dieses Gebot hält man am besten, indem man alles – wie der Mönchsvater Benedikt es sagt – als heiliges Altargefäss betrachtet. Jedes Werkzeug, jede Habseligkeit. Alles ist uns nur geliehen und wir schulden denen, die die Verantwortung dafür haben, Respekt. Der Schlüssel zu diesem Gebot ist somit Respekt.

8. Du sollst kein falsches Zeugnis geben wider deinen Nächsten!

Dieses Gebot beinhaltet das Verhältnis zur Menschheit im Einzelnen und im Allgemeinen in Bezug auf einem selber. Es ist so etwas, wie das "Spiegelgebot". Die Nichteinhaltung dieses Gebotes ist hauptverantwortlich für Ehekrisen, zwischenmenschliche Krisen am Arbeitsplatz usw.

Du fragst Dich, warum du seit Jahren neben deiner Frau/deinem Mann her lebst und nicht mit ihr/ihm? Nun, wer stets am Wohntisch andere richtet, ausrichtet, verhandelt, tratscht und schlecht macht, zieht letztlich all das in die eigene Beziehung.

- Habe ich mangels Tatsachenwissen Mutmassungen über andere verbreitet und somit ihre Ehre beschnitten?
- Habe ich wissentlich gelogen, die Unwahrheit gesagt?
- Beteiligte ich mich an Tratsch und Klatsch über andere?

Dieses Gebot erfüllen wir am besten, wenn wir über niemanden tratschen, richten oder mutmassen. Wie soll das gehen? Indem wir uns angewöhnen, auch beim schlimmsten Nachbarn das Beste zu sehen, die besten Eigenschaften und sei es nur, zum Anfang, das er vielleicht stärker ist als ich. Mit der Zeit gelingt dies immer besser und ich lerne auch bei meiner Frau/meinem Mann mehr und mehr die guten Seiten zu sehen und nicht alles zu kritisieren. Nein, der Mensch muss nicht kritikfähig sein, sondern fähig wertzuschätzen, zu achten und zu respektieren.

9. Du sollst nicht begehren deines Nächsten Frau / Mann!

Hier kommt der Ehebruch ins Spiel. Dies ist das Gebot des Ehebruches im Herzen und in der Tat. Es ist das Gebot der Eifersucht.

- Habe ich die Ehe gebrochen und bin Fremd gegangen, oder versuchte ich mit Achtung und Zuneigung zuhause Frieden zu ermöglichen?
- Begehre ich jemanden, der nicht zu mir gehört?
- Suche ich sexuelle Kontakte? (Hetero- und Homosexuell)
- Spannte ich sogar jemandem den Freund oder die Freundin aus?

Der Schlüssel zu diesem Gebot ist ebenfalls, indem man eine freundschaftliche Beziehung zu Jesus hat. Am einfachsten täglich einen stillen Ort aufsuchen und im Geiste Jesus die Wahrheit schildern. Ihm sozusagen, als dem allerbesten Freund, alles offenlegen, was uns bedrückt, was uns misslungen ist und wo wir seelische Mängel haben. Mit etwas Übung werden wir ihn in uns hören können, ganz leise, zart und liebevoll. Hören wir eine laute unwirsche und beklemmende Stimme, dann ist es der Böse, aber nicht Jesus. Jesu Worte bauen korrigierend auf. Die Worte des Bösen rechtfertigen unsere Taten, schüren Abneigung gegen andere und Verurteilen andere oder uns selbst.

10. Du sollst nicht begehren deines Nächsten Hab und Gut!

Dies ist das Gebot der Übervorteilung. Des Abluchsens und des Schwindels. Es ist das Gebot des Neides.

- Habe ich jemanden Übervorteilt?
- Habe ich jemandem etwas abgeluchst?
- Hat mich der Neid zerfressen, dass jemand etwas hat, das ich nicht habe?
- Gönne ich jemandem etwas nicht (Hab und Gut, Erfolg und Glück, Ruhm und Ehre, Auszeichnungen und Würden)?

Nun, dieses Gebot halten wir am Besten in der Ausübung von Grosszügigkeit. Es spornt uns an, loszulassen. Es ist sozusagen der Aufruf zur tätigen Nächstenliebe. Im Gebet soll die Gnade des Loslassens erfleht werden und in der Tat des Schenkens diese Gnade umgesetzt werden. Wer gibt, der soll aus vollem gütigen Herzen geben, nicht halbherzig, um nach sechs Monaten kontrollieren zu können, ob dies oder jenes noch da ist.

11. Liebt einander, wie ich (Christus, Jesus) euch geliebt habe. Es gibt keine grössere Liebe, als wenn einer sein Leben für seine Freunde hingibt.

Bis zu Jesu Leben gab es nur 10 Gebote. Er gab uns das ultimative Gebot, das der Liebe.

- Liebe ich meinen Nächsten bedingungslos, wie Jesus Blinde, Lahme, Aussätzige, Sünder liebte?
- Bin ich bereit, mein Leben für meine Freunde zu lassen?
- Bin ich bereit mein Leben für Jesus als meinen Freund zu lassen und meinen Glauben an ihn nicht zu verleugnen?

Der Schlüssel zu diesem Gebot ist weniger Liebe zum Nächsten, als vielmehr unabdingbares Vertrauen in Gott. Nur wenn ich voll in Gott vertraue, bin ich fähig, mein Leben zu lassen, alle zu lieben, für meine Peiniger zu beten, die zu segnen, die mich verfluchen. Dieses Gebot kann nur erreicht werden, indem man alle anderen aus dem Herzen befolgen will, und sich bemüht.

Ich sage nicht, es zu können. Bei uns ist das Wollen, bei Gott das Vollbringen. Dies ist das Gebot der Demut, dieses erreichen wir nicht mit Stolz, sondern nur mit Demut und diese will erbeten werden im täglichen Gebet der Danksagung, der Lobpreisung und der Anbetung Gottes im Geiste und in der Wahrheit. Das bedeutet, nicht mit vielen Worten, sondern im Herzen allezeit. Das geht nicht? Nun, ich denke doch. Wer verliebt ist, ist dies auch 24 Stunden am Tag, beim Essen, Arbeiten und Ausruhen.

Der zweite Schlüssel zu diesem Gebot liegt in der Verliebtheit zu Gott. Diese kann wie angeworfen kommen oder auch schleichend und langsam. Wichtig ist, nie aufzugeben, in Gott verliebt zu werden und nach jedem Stürzen, straucheln und Fallen sofort zu ihm zu gehen in Liebe, Reue und Umkehr. Dazu helfen ungemein das Meiden der Hauptsünden und ein tugendhaftes Leben, sprich die Einhaltung der Kardinaltugenden (Grundtugenden).

Nach dieser Eindrücklichen und tiefen Erklärung gingen wir gemeinsam aufs Feld und erledigten miteinander einige bäuerliche Arbeiten. Schliesslich nahte der Abend und wir schlenderten gemeinsam zur Schenke, wo mein Zimmer nun bereit war.

Kapitel 5 – Der alte Jusuf und das Credo

Am nächsten Morgen wurde ich in aller Frühe geweckt und mein Frühstück stand bereits bereit. Jusuf war schon in der Schenke. Nach dem Frühstück schlenderten wir hinaus zur kleinen Kirche. Dort offenbarte mir Jusuf, das er jeden Tag mit dem Bekenntnis des Glaubens beginnt. Auf meine Frage: "Warum tust du das genauso?" Erwiderte er mir: "Für jetzt bleiben Glaube, Hoffnung, Liebe, diese drei; doch am grössten unter ihnen ist die Liebe. (1 Kor 13,13) So beginne ich den Morgen mit dem Glauben, am Mittag mit dem Angelus, dem Gebet der Hoffnung und am Abend mit der Anbetung des in unendlicher Liebe für uns geopferten Herrn und Erlösers Jesus Christus." Dann sagte er mir: "Wenn ich alleine bin, was meistens der Fall ist, bete ich das kleine Glaubensbekenntnis, weil es mit 'Ich' beginnt. Wenn ich nicht alleine bin, das Grosse Glaubensbekenntnis, weil es mit 'Wir' beginnt. Beide bekennen jedoch denselben Glauben."

Das kleine Glaubensbekenntnis ist besser bekannt unter dem Namen:

Apostolisches Glaubensbekenntnis

'Ich glaube an Gott, den Vater, den Allmächtigen, den Schöpfer des Himmels und der Erde, und an Jesus Christus, seinen eingeborenen Sohn, unsern Herrn, empfangen durch den Heiligen Geist, geboren von der Jungfrau Maria, gelitten unter Pontius Pilatus, gekreuzigt, gestorben und begraben, hinabgestiegen in das Reich des Todes, am dritten Tage auferstanden von den Toten, aufgefahren in den Himmel; er sitzt zur Rechten Gottes, des allmächtigen Vaters; von dort wird er kommen, zu richten die Lebenden und die Toten. Ich glaube an den Heiligen Geist, die heilige katholische [= allumfassende] Kirche, Gemeinschaft der Heiligen, Vergebung der Sünden, Auferstehung der Toten und das ewige Leben. Amen.'

Dann erklärte mir Jusuf: "Das kleine Glaubensbekenntnis ist wunderschön und enthält alle zentralen Aussagen des Glaubens. Alle christlichen Kirchen kennen es, sogar die Protestanten, wenngleich sie es sozusagen nie beten, weil sie sich am Wort 'Katholisch' stören und an der 'Jungfrau Maria'. Dabei übersehen sie, dass mit 'Katholisch' nicht römisch gemeint ist, sondern der Begriff Allumfassend und die Kirche Jesu Christi in all ihren Ausprägungen ist tatsächlich allumfassend. Wenn die Protestanten sich da nicht dazuzählen, ist das bitter. Einige ersetzten das Wort 'katholisch' durch christlich, doch das ist falsch, denn es geht um die Gemeinde, die weder 'nur' christlich ist noch 'unchristlich' sondern in ihrer Allumfassendheit vollkommen, wie es in der Bibel heisst: 'Ihr sollt also vollkommen sein, wie es auch euer himmlischer Vater ist.' (Mt 5,48) Zudem stören sie sich an Maria, wie schade. Kein guter Katholik betet Maria an, doch es ist am Ende nichts anderes, als das Folgen des vierten Gebotes. 'Du sollst Vater und Mutter ehren.' Freilich geht es hier nicht um die eigene Mutter, doch das Gebot beinhaltet auch nicht das Wort 'deine' und 'deinen'. Es geht vielmehr um das Ehren jedes Vaters und jeder Mutter. Um wieviel mehr das Ehren der Mutter des Herrn, die nicht zuletzt die leibliche Braut des Heiligen Geistes ist, denn der Heilige Geist überschattete Maria und sie Empfing als Jungfrau. 'Der Heilige Geist wird über dich kommen, und die Kraft des Höchsten wird dich überschatten. Deshalb wird auch das Kind heilig und Sohn Gottes genannt werden.' (Lk 1,35) Wenn das Kind Jesu Sohn Gottes ist und somit Gott, dann ist Maria, als die Braut des Heiligen Geistes auch Mutter Gottes. Nicht im Sinne einer Miterschaffung der Welt oder einer Schmälerung des Erlösungswerkes Jesu, sondern der Verehrungswürdigkeit gemäss dem vierten Gebot. Es ist jedoch sinnlos dies jemandem klar machen zu wollen, der das tiefe Geheimnis des Heilswerkes Gottes gerade darin nicht erkennen will. Gott wollte eine neue Eva, eine neue Mutter der Lebenden, nachdem die erste Eva sündigte. Wie Christus der neue Adam ist, der neue Erste, so ist Maria die neue

Eva, die wahre Mutter der Lebenden. Bitte bete sie nicht an, aber ehre sie, wenn schon nicht aufgrund deiner Überzeugung, so doch aufgrund des vierten Gebotes. Sonst bist du ein Heuchler, denn du ehrst deine leibliche Mutter und die neue Mutter der Lebenden, die neue Eva nicht." Da musste ich natürlich einwenden: "Ja, aber ist denn verehren und zu ihr beten nicht dasselbe wie anbeten?" Da schüttelte Jusuf den Kopf und meinte: "Nein, keineswegs! Anbeten ist verherrlichen, zu jemandem beten jemanden bitten. Als du Kind warst, hast du auch deine Mutter um Brot gebeten, sie aber nicht angebetet. Wenn du die Mutter der Lebenden um Hilfe bittest, dann betest du sie nicht an. Wer Ohren hat, der höre. Wer nicht hören kann, bete um Öffnung der Ohren und wer dennoch daran Anstoss nimmt, bedenke, er nimmt an der Mutter des Erlösers Anstoss. Wer an deiner eigenen Mutter Anstoss nimmt, den Verachtest du, wenn aber jemand an der Mutter des Erlösers Anstoss nimmt, erwartet er noch, dass Christus ihn dafür belobigt. Erkennst du die Perversion deiner Gedanken? Wir sind alle mit Verhaltensmustern erzogen worden, doch sollten diese uns nicht daran hindern, offen für den Geist Gottes zu sein. Gerade dieser Geist hat sich aber nun Mal Maria als seine Braut ausgesucht und du willst doch nicht den Heiligen Geist beleidigen, oder? Verehre sie, als das, was sie ist, wenn du das nicht kannst, ehre sie gemäss dem vierten Gebot, aber bete sie nicht an, denn das Gebührt Gott alleine, in seinen Erscheinungsweisen als Vater, Sohn und Heiligem Geist."

Nun, das mit dem vierten Gebot gab mir eine ganz neue Sichtweise und ich denke, es hilft auch vielen anderen es neu zu betrachten.

Dann betete Jusuf mit mir das grosse Glaubensbekenntnis, denn wir waren ja zu zweit:

Nicaenoconstantinopolitanisches Symbolum

(Grosses Glaubensbekenntnis)

'Wir glauben an den einen Gott, den Vater, den Allmächtigen, der alles geschaffen hat, Himmel und Erde, die sichtbare und die unsichtbare Welt. Und an den einen Herrn Jesus Christus, Gottes eingeborenen Sohn, aus dem Vater geboren vor aller Zeit: Gott von Gott, Licht vom Licht, wahrer Gott vom wahren Gott, gezeugt, nicht geschaffen, eines Wesens mit dem Vater; durch ihn ist alles geschaffen. Für uns Menschen und zu unserm Heil ist er vom Himmel gekommen, hat Fleisch angenommen durch den Heiligen Geist von der Jungfrau Maria und ist Mensch geworden. Er wurde für uns gekreuzigt unter Pontius Pilatus, hat gelitten und ist begraben worden, ist am dritten Tage auferstanden nach der Schrift und aufgefahren in den Himmel. Er sitzt zur Rechten des Vaters und wird wiederkommen in Herrlichkeit, zu richten die Lebenden und die Toten; seiner Herrschaft wird kein Ende sein. Wir glauben an den Heiligen Geist, der Herr ist und lebendig macht, der aus dem Vater und dem Sohn hervorgeht, der mit dem Vater und dem Sohn angebetet und verherrlicht wird, der gesprochen hat durch die Propheten, und die eine, heilige, katholische und apostolische Kirche. Wir bekennen die eine Taufe zur Vergebung der Sünden. Wir erwarten die Auferstehung der Toten und das Leben der kommenden Welt. Amen.'

Nach diesem Gebet musste ich natürlich Jusuf fragen: "Wenn viele schon ein Problem mit dem kleinen Glaubensbekenntnis haben, warum denn nicht mit diesem, da wird ja noch viel mehr auf die Kirche der Apostel Bezug genommen?" Da entgegnete mir Jusuf: "Da frag diese Leute, vielleicht beten sie es auch einfach gar nicht. Wer dies nicht bekennt und glaubt, was in diesem Bekenntnis steht, der trennt sich selbst von der allumfassenden Gemeinde. Er masst sich an, Gott gleich zu sein und zu entscheiden, was Gott ihn zu Glauben haben lassen darf und was nicht. Dabei ist unschwer das Wirken des Heiligen Geistes in diesem Bekenntnis zweier Konzile zu erkennen. Wer an das nicht glaubt, beraubt sich der Grundlage des Lebens – welches Christus selber ist – des Glaubens. Worauf will er dann die Hoffnung gründen oder gar die Liebe Gottes zu den Menschen erwidern? Die Liebe zu Gott besteht darin, dass wir an ihn glauben und tun, was er uns sagt: 'Ihr seid meine Freunde, wenn ihr tut, was ich euch auftrage.' (Joh 15,14) Wenn wir aber schon dies nicht können, worin soll dann unsere Hoffnung bestehen oder gar unsere Liebe? Dann wäre selbst ein Martyrium sinnlos, denn es würde die Liebe fehlen, die auf der Hoffnung basiert und auf dem Glauben fundiert ist. 'Und wenn ich meine ganze Habe verschenkte, und wenn ich meinen Leib dem Feuer übergäbe, hätte aber die Liebe nicht, nützte es mir nichts.' (1 Kor 13,3)"

Er fuhr weiter: "Du siehst, der Glaube ist das Fundament, die Hoffnung die Mauern und die Liebe das Dach dieses geistigen Gebäudes. Der Glaube aber ist, was Jesus, die Evangelisten und die Apostel uns überliefert haben und wofür die ersten Christen bereits in freudiger Erwartung das Leben gaben, eben gemäss dem 11. Gebot, das Leben gaben für einen Freund, für Jesus, der sein Leben auch als Freund für uns hingab. Denn wir sind seine Freunde, wenn wir tun, was er uns sagt: 'Ich nenne euch nicht mehr Knechte; denn der Knecht weiss nicht, was sein Herr tut. Vielmehr habe ich euch Freunde genannt; denn ich habe euch alles mitgeteilt, was ich von meinem Vater gehört habe.' (Joh 15,15) Diese Freunde sind wir jedoch nur dann, wenn wir tun, was er uns sagt, wie ich dir vorhin bereits sagte."

Um meine Frage etwas zu verdeutlichen fragte ich nach: "Was ist denn mit denen, die damit nicht übereinstimmen?" Da wurde er traurig und meinte: "Das sind die vielen 'kleinen' Antichriste, die vor dem einen 'grossen' Antichrist kommen. Es sind die, welche ein anderes Evangelium verkünden, welche den Glauben der Väter der Apostelzeit verdrehen, aufweichen, für gut erklären, was böse ist und für richtig halten, was falsch ist. Schnell ist man auf diesem Weg. Dazu braucht es gar nicht viel. Satan beginnt hier meistens sehr fein, indem er einer Seele einredet: 'Das ist sicherlich nicht so gemeint.' 'Heute würde Jesus das bestimmt ganz anders formulieren.' 'Diese Moralvorstellung ist 2000 Jahre alt und hatte damals seine Gültigkeit, aber bestimmt nicht heute.' Noch viele andere solche scheinheiligen Sätze flüstert er ein, um einer Seele falsche Sicherheit zu geben und sie glauben zu lassen, dass sie der Menschheit einen Dienst erweist, wenn das gesagte etwas modernisiert wird. Er beginnt mit gutem, das er dann pervertiert. So gab er einem Mönch die Einsicht, dass die Bibel in eine zeitgemässe Sprache gebracht werden muss, was hervorragend war, und auch heute sprechen wir ein anderes Deutsch, als vor 500 Jahren. Obwohl es vor Luther bereits über vierzehn Vollübersetzungen der Bibel auf Deutsch gab, hatten sie keinen Durchbruch. Es fehlten dazu zwei Aspekte: 1. Der Buchdruck und 2. die Popularität des Übersetzers, die er durch die Abspaltung von der petrinischen Kirche erreichte. Es ist übrigens sogar ein Segen, das Wort Gottes der Grammatik und dem Wortschatz der jeweiligen sprachlichen Gegebenheiten anzupassen, solange der Inhalt nicht verdreht wird. Nachdem dieses gute Werk dann getan ist, mobilisiert der Teufel einen Flankenangriff und lässt seine Pharisäer auf die Übersetzung und den Übersetzer los. Dies führt dann zu Parteiungen. Schliesslich kommt der Angriff der Sadduzäer auf den, der es gut meinte und der durch die Parteiung bereits eine grössere Schar Anhänger hinter sich versammelt hat. Die Sadduzäer werfen dann noch vor, dass die Sprache seiner Begründungen nicht der politischen Korrektheit entsprechen würde und er dafür hart bestraft werden müsse. Schliesslich führt er dem in die Enge getriebenen Mönch noch eine verständnisvolle Frau zu, die ihn tröstet und schon ist die Spaltung vollzogen, Satan triumphiert, denn alle Kontrahenten sehen sich im Recht und keiner denkt auch nur eine Sekunde daran, dass er selber freiwillige Marionette Satans war. Jeder wollte in seinem Egoismus sich selbst auf Kosten eines anderen profilieren und frönte den Lastern gegen die beiden Gebote des Begehrens. Den Ruhm eines anderen abzusahnen. Jeder glaubt dann noch mit verstocktem Herzen, der andere sei der Sünder gewesen, dies können sie sich dann mitunter gegenseitig in der Hölle für alle Ewigkeit vorhalten, nützen wird es ihnen nichts, weil sie stolz und hochmütig waren und dem, sollten sie dort sein, nicht mehr entfliehen können. Darum bin ich froh, dass ich ein einfacher Bauer bin, der sein eigenes Gemüse anbaut und der von niemandem ernst genommen wird. Das ist die beste Garantie, nicht dem Stolz zu verfallen."

Nach dieser Lektion gingen wir wieder aufs Feld hinaus, um gemeinsam zu arbeiten, bis zum Mittag und dann die 'Hoffnung' zu betrachten.

Kapitel 6 – Der alte Jusuf und die Sakramente

Punkt 11 Uhr vormittags gingen wir gemeinsam in die kleine Kirche und Jusuf betete den Gruss des Engels Gabriels an Maria. Natürlich fragte ich ihn: "Warum bringst du diesen Gruss des Engels mit der Hoffnung in Verbindung?" Jusuf meinte dazu: "Die Ankündigung der Geburt Jesus, durch Maria die Jungfrau war nicht nur Verheissung des alten Bundes, sie fusste auch auf dem tiefen Glauben Marias, dass das Wort des Engels sich erfüllt und sie gab somit der ganzen Menschheit Hoffnung, aus der Sklaverei Satans durch die Sünde befreit zu werden."

Ich fragte Jusuf: "Gibt es denn Zeichen für diese Hoffnung für dich?" Die bejahte Jusuf vehement: "Aber natürlich! Das sind die sieben Sakramente: 'Taufe, Firmung (Empfang des Heiligen Geistes), Busse (Beichte), Eucharistie (Kommunion), Krankensalbung, Ehe und Priesterweihe.' Alle diese Sakramente gruppieren sich um das grosse zentrale Sakrament, die Eucharistie. Es ist das vierte. Davor sind drei und danach sind drei.

Ich fragte: "Was ist überhaupt ein Sakrament?" – Jusuf hatte auch dafür die richtige Antwort parat: "Das Wort Sakrament kommt aus dem Lateinischen und bedeutet 'Fahneneid', heilige Handlung. Es sind heilige Handlungen, die Christus selber eingesetzt hat, aber nichts mit Magie zu tun haben, sondern mit Bekenntnis. Sie verbürgen das verheissene Heil im gläubigen Vollzug der sichtbaren Handlung vom Spender zum Empfänger. – Die Taufe ist das grundlegende Sakrament, durch das der gläubig gewordene der Erbsünde entrissen und in die Christusgemeinschaft eingegliedert wird. – Die Firmung ist die Vollendung der Taufe in der Gabe des Heiligen Geistes und die engere Verbindung des Gläubigen mit dem mystischen Leib Christi, der Kirche [Gemeinde]. – Die Beichte ist die Feier der Versöhnung eines Sünders mit Gott, der Kirche und sich selbst, indem der Priester in der Vollmacht und Vertretung Christi die Sünden nachlässt. – Die Eucharistie ist das von Christus gestiftete Mahl, das den Opfertod

Jesu am Kreuz verkörpert und in dem Jesus in der Gestalt von Brot und Wein leibhaft gegenwärtig ist. Jesus wird nicht immer neue geopfert in der Heiligen Messe, sondern es ist die, wie in einer Zeitkapsel, stetige Vergegenwärtigung des Geschehens auf Golgota. Dies ist die mächtigste Waffe gegen Satan, denn bei jeder Eucharistie muss er sein Scheitern im Geschehen von damals betrachten und sich vor Augen halten, dass er, was auch immer er unternimmt, den Kampf mit Gott verloren hat. Er kann Massen von einzelnen Seelen zu Fall bringen, doch nicht Gott, der ihn gerade durch sein Menschsein bezwang. Es ist das schmerzliche Bild für Satan, dass er in Christus nichts von seinen eigenen Werken findet. Sein Stolz blendet ihn derart, dass er es trotz dieses immer wieder vor Augen geführt bekommen, nicht schaffen wird, einzusehen, dass er, trotz allem Schaden, den er anrichtet, endgültig verloren hat. Die Eucharistie wird von jedem zum Priester geweihten, durch die Sukzession der Apostel, immer gültig gefeiert, egal ob er selber noch daran glaubt oder nicht. Die Priesterweihe ist deshalb eines der grössten Geschenke an die Menschheit. Jeder, der einer Heiligen Messe beiwohnt, muss sich nicht erst mit der Frage beschäftigen, ob der Priester auch rechtgläubig ist oder genug konzentriert ist. Er kann sich sicher sein, dass durch seine Weihe die Eucharistie und die anderen Sakramente immer gültig für ihn sind. Selbst wenn ein Priester Götzendiener würde, wäre seine Heilige Messe immer noch gültig. – Die Krankensalbung soll den Kranken mit Christus verbinden und die heilende Wirkung des geweihten Öles soll den Kranken vor allem an der Seele, aber auch am Körper stärken. – Die Ehe ist eine lebenslängliche treue Gemeinschaft zwischen einem Mann und einer Frau, die besonders teilhat an der Schöpferkraft Gottes durch die Zeugung von Kindern. – Bei der Weihe, Diakon, Priester und Bischof wird durch Handauflegung und Gebet eines Bischofs (Nachfolger der Apostel), seit der Zeit der Apostel, ein Mann für seinen Dienst bestellt, damit der Geist der Kraft, der Liebe und der Besonnenheit ihn für seine Aufgaben befähigt. Egal, was für ein

Leben dieser Mensch auch führt, seine Handlungen im sakramentalen Sinn werden immer gültig sein."

So fragte ich nach: "Dann sind die Sakramente also die Garanten der Gemeinde? Jusuf überlegte kurz: "Ja, so kann man es sagen. Solange die Sakramente gespendet werden, ist immer Kirche vorhanden. An dem Tag, an dem die Sakramente nicht mehr gespendet werden, ist die Gemeinde tot. Das bedeutet nicht dass es dann keine Gläubigen mehr gibt. Doch diese werden einzelne Gläubige sein, denn die Verbindung mit Christus als seine Gemeinde ist dann nicht mehr gegeben in den Zeichen des 'Fahneneides' für Ihn."

Ich war immer noch nicht ganz zufrieden und hakte nach: "Aber Gemeinde ist doch immer gegeben, wo einige im Namen Jesu beisammen sind." Jusufs Antwort erstaunte mich: "Ja natürlich ist Jesus da zugegen. Deshalb sind sie aber noch nicht Gemeinde im Sinne seiner Verheissung. Es kann keine Gemeinde im Sinne seiner Verheissung geben, wenn gleichsam seine von ihm eingesetzten 'Feldzeichen' fehlen. Dass dies seinem Willen entspricht entnehmen wir klar der Verheissung seiner Gemeinde: 'Ich aber sage dir: Du bist Petrus, und auf diesen Felsen werde ich meine Kirche (Gemeinde) bauen, und die Mächte der Unterwelt werden sie nicht überwältigen.' (Mt 16,18). Das ist ja der Stein des Anstosses für alle protestantischen und orthodoxen Kirchen. Nun, für die orthodoxen weniger, da sie die Sakramente und Weihen beibehielten und auf die Apostel zurückgehen. Darum ist für sie theoretisch eine Wiedervereinigung einfacher. Die protestantischen Kirchen stören sich an der katholischen Kirche, weil sie sich als die 'allein seligmachende' ausgibt. Im Prinzip ist sie das, doch fördern solche Worte nur Spaltung und persönliche Verletzungen. Es ist aber so, dass es nur eine Kirche der Verheissung von Jesu gibt und das ist die petrinische. Das bedeutet aber nicht, dass die anderen Christen alle des Teufels sind, ganz und gar nicht. Sagt doch Jesus auch: 'Da sagte Johannes zu Jesus:

Meister, wir haben gesehen, wie jemand in deinem Namen Dämonen austrieb; und wir versuchten, ihn daran zu hindern, weil er uns nicht nachfolgt. Jesus erwiderte: Hindert ihn nicht! Keiner, der in meinem Namen Wunder tut, kann so leicht schlecht von mir reden. Denn wer nicht gegen uns ist, der ist für uns.' (Mk 9,38-40; Lk 9,49-50) Mit diesem Satz gab er auch allen Christen, die nicht zur petrinischen Kirche gehören eine Daseinsberechtigung, doch eben nicht die Integration in die Gemeinde oder Kirche seiner Verheissung. Das bedeutet nicht, dass diese verloren sind."

Kapitel 7 – Der alte Jusuf und die Dämonen

Nach einem weiteren Nachmittag auf dem Felde näherte sich der Abend und Jusuf drängte in die Kirche, wo wir zusammen beteten. Da fragte ich ihn: "Warum bringst Du den Abend mit der 'Liebe' in Verbindung?"

Jusuf antwortete: "Weil um die Zeit des Abendopfers im Tempel Jesus aus Liebe zu uns sein Leben für uns gab, um uns von den Sünden zu befreien. Zudem war das Abendmahl, in dem Jesus seinen Opfertod als Eucharistie einführte und uns als Liebesmahl anvertraute auch am Abend." So fragte ich weiter: "Dann verbindest du damit also alles Schöne und Gute?" Jusuf antwortete: "Keineswegs. Das ist auch die Zeit, in der der Kampf Satans eskalierte." Ich wandte ein: "Ich dachte, da hätte Jesus Satan besiegt." Jusuf erwiderte: "Ja, und das will er bis heute nicht eingestehen. Er wütet besessen von der Vorstellung, Gott besiegen und stürzen zu können, doch er weiss auch, dass ihm das nicht gelingen wird. Weil er also Gott direkt nichts anhaben kann, führt er einen Stellvertreterkrieg und trägt ihn auf dem Rücken der Menschen aus, denn dadurch kann er Gott beleidigen. Er kann überhaupt nichts anderes, als Leid zufügen, lügen, betrügen, stehlen und morden. Er will und kann somit das Konzept Gottes, der Freiheit, der Barmherzigkeit und der Liebe nicht verstehen. So lügt er auch bei den Menschen und flüstert ihnen als erstes ein, es gäbe keinen Teufel, denn damit hat er sie schon gewonnen, da sie unvorsichtig werden."

Ich entgegnete ihm: "Ich dachte immer, das Böse kommt aus dem Menschen selber und der Teufel sei nur eine Erfindung der Religion, um den Menschen Angst einzujagen." Jusuf antwortete ganz erregt: "Oh, du ungläubige Welt. Das ist eine Lüge. Der Abfall vom Guten ist zwar in der Natur des Menschen enthalten, wie auch der Hang zu Liebe und Hilfsbereitschaft. Doch die Dämonen flüstern unablässig den Menschen in die Seele und die Menschen öffnen ihnen auch noch bereitwillig die Türen. Schau, wenn du glaubst, dass es keine Dämonen gibt – glaube übrigens nie an den Teufel, aber glaube daran, dass es ihn gibt – dann denkst du, du hättest es nur mit menschlichen Schwächen zu tun und die müsste man doch überwinden können. Somit hast du die Türe bereits weit geöffnet für die Dämonen. Denn damit beginnen der Hochmut, der Stolz und die Arroganz. Du kannst dich doch gar nicht wirklich selber beherrschen und findest für alles unangenehme sofort eine Ausrede. Denke an das Hufeisen. Fast alle Bequemlichkeit kommt aus der Faulheit und aus Einflüsterungen von Dämonen. Schau in die Welt, jeder will das Bessere als sein Nachbar und das möglichst günstiger. Jeder will über dem anderen stehen. Das ist auf die Einflüsterung von Dämonen zurückzuführen." Ich wandte ein: "Dann müsste es ja Milliarden Dämonen geben." Jusuf hatte auch darauf die richtige Antwort: "Ja, ein Drittel der Engel brachte er auf seine Seite, um gegen Gott zu rebellieren. Das sind weit mehr als Menschen je auf Erden leben können. Sie haben nur ein Ziel, Gott nach wie vor zu stürzen. Das ist jedoch ein Unterfangen, das seit Anbeginn zum Scheitern verurteilt ist."

Ich wandte wiederum ein: "Ich dachte, er sei klug? Wie kommt es denn, dass er so dumm und aussichtslos handelt?" Jusuf antwortete mir: "Ich war im Zweiten Weltkrieg, wie kam es, dass die klügsten Köpfe dachten, mit den schrecklichsten Waffen Frieden sichern zu können? Abgesehen davon, dass heute die ganze Welt weiss, dass der Einsatz der Atombomben in Japan nicht nötig war, funktioniert dies auf die Länge nicht. Irgendwann kommt immer ein Herrscher an die Macht, der die teuersten und gefährlichsten Waffen nicht nur zur Aufstellung in Museen verwenden will, sondern um Krieg zu führen. Irgendwann werden sie eingesetzt. Einer beginnt und die anderen glauben dann das Recht zu haben, sich mit denselben bösen Mitteln verteidigen zu dürfen. Dies führt zwangsläufig zum Untergang. Sie wollen, wie Satan, nicht verstehen, dass Böses nur dann zum Frieden gebracht werden kann, wenn es durch gutes vergolten wird. Intelligenz war, ist und wird nie ein Garant für gutes Handeln sein. Das war bei den gefallenen Engeln nicht anders. Sie nutzten ihre Intelligenz nicht um das Gute von Gott zu unterstützen, sondern glaubten es besser zu können und das tun sie noch heute. Wie bei Satan ist Intelligenz auch bei den Menschen mit Überheblichkeit gepaart. Es sind die einfältigen, die naiven und die 'dummen' Menschen, die die Grösse haben, sich bei intelligenten zu entschuldigen. Die Intelligenten entschuldigen sich kaum freiwillig bei den so genannten Dummen. Welcher intelligente Politiker ist schon, ohne unter Druck zu stehen vor das Volk getreten und hat sich für Fehlentscheidungen entschuldigt? Hitler tat es nicht, er sah die Niederlage des Deutschen Volkes sogar als gut an, da sie ihn verraten hätten. Bis zum Schluss war er nicht in der Lage, einzusehen, dass er an dem Krieg und der Niederlage schuld war. So ist es auch mit den Dämonen. Sie wollen und können daher nicht einsehen, dass sie falsch gehandelt haben und es immer noch tun."

Jusuf fuhr weiter: "Jedenfalls flüstern die Dämonen unaufhörlich ihr Gift in die Seelen der Menschen, welche diesen nur zu gerne glauben, denn die Lüge eines glanzvollen Lebens ist verführerischer, als die Wahrheit eines beschwerlichen mühsamen sich selbst Überwindens. Wir glauben heute, wie die alten Germanen an ein Walhalla in dem Saufgelage mit bewaffneten Helden den Himmel darstellen. Wie soll dieses Walhalla denn aussehen? Schlägereien und Prügeleien beim Saufen bis in Ewigkeit? Das Ganze noch mit unsterblichen Körpern, wo jeder abgeschlagene Arm gleich wieder nachwächst? Was soll daran paradiesisch sein? Das ist eine Schilderung der Hölle, die als Himmel verkauft wird. Nur, dass die Helden nicht Menschen sein werden, sondern Dämonen, die auf Menschen eindreschen, die sie so leicht fangen und verführen konnten. Sie brauchten ihnen nur ein bisschen Speck, Saufen und Sex versprechen und zum Teil im Leben ermöglichen, möglichst durch Ausnützung von anderen, schwächeren Menschen und schon waren sie begeistert und gefangen."

Jusuf ergänzte: "Glaube mir, die Dämonen sind real. Es gibt genügend Menschen, die nicht verrückt sind und diese gefallenen Engel gesehen haben. Nein, unser Kampf geht nicht gegen Menschen aus Fleisch und Blut, unser Kampf geht gegen unsichtbare Wesen, die uns gegeneinander aufwiegeln, und Spalten und ins Grenzenlose verachten: 'Denn wir haben nicht gegen Menschen aus Fleisch und Blut zu kämpfen, sondern gegen die Fürsten und Gewalten, gegen die Beherrscher dieser finsteren Welt, gegen die bösen Geister des himmlischen Bereichs.' (Eph 6,12) Die Bibel teilt den Himmel grob in drei Bereiche ein. Der erste Himmel ist gleichzusetzen mit unserer Atmosphäre, der zweite Himmel ist gleichzusetzen mit dem Weltall und der dritte Himmel mit dem, was ihr vielleicht eine andere Dimension nennen würdet. Beim ersten Kampf wurde Satan und seine Anhänger aus jenem dritten Himmel geworfen, aber nicht aus den ersten beiden. Darum schreibt die Schrift, dass wir gegen die bösen Geister des himmlischen Bereichs zu kämpfen haben. Aus diesen himmlischen Bereichen werden sie erst bei der Wiederkunft Christi verbannt."

Da drängte sich mir die Frage auf: "Willst du damit sagen, dass all die Ufos Dämonen sind?" Jusuf antwortete mir: "Ich habe Gott sei Dank noch keines gesehen und will es auch nicht, doch genau das ist es. Sie haben auch Macht über Materie, sie können Materie annehmen und weglassen. Doch wenn du die alten Schriften anderer Kulturen siehst, dann findest du exakt diese Bilder. Die Inder berichten von Ufos in ihrer Geschichte, die Krieg führten am Himmel, von Ufos, die Menschen auf Erden in Kriege trieben und vieles mehr. Zudem kürt ein jedes Dach ihrer Tempel die Darstellung eines solchen Ufos von damals. Sie veranlassten die Menschen, ihnen Tempel zu bauen und sie anzubeten. Das ist genau das, was Satan seit Anbeginn will: Angebetet zu werden. Er will Gott sein. All diese Göttergeschichten haben immer die gleichen Charaktere als Götter. Alle sind sie durchtrieben und gewalttätig. Alle äffen sie die Heilsgeschichte Gottes nach und verunglimpfen sie, bis hin zur Nachäffung der Jungfrauengeburt, in dem ein meist 'toter' Gott mit einer Jungfrau der Menschen einen Gott zeugt. Satan kann nichts neu schaffen. Nicht einmal etwas neu erfinden. Er kann nur wahrhaft göttliches in den Schmutz ziehen und verunglimpfen. So erreicht er bei vielen Menschen, dass sie alles in einen Topf werfen und dann sagen, eine Darstellung von Maria mit dem Jesuskind sei nur eine alte Wiederbelebung eines Götzenkultes. Schon hat er erreicht, was er wollte: Die Menschen versündigen sich gegen Gott, treten die Ehre Christi und der unbefleckten Jungfrau Maria, der Braut des Heiligen Geistes, mit Füssen und sind noch stolz darauf. Darum gibt es nur einen Schluss, den man daraus ziehen kann: Egal wie eine Gottesverehrung für den einen Wahren Gott und Jesus Christus für dich aussehen mag, frage dich immer zuerst, ob sie nicht aus der tiefe einer Seele kommen könnte, in echter Frömmigkeit und dann verurteile weder diese noch den Menschen, denn beides ist Gott überlassen. Sonst siehst du am Ende diesen Menschen in den Himmel eingehen und du wirst zu den Pharisäern gezählt, weil du dir angemasst hast, den Richterstuhl Gottes zu besteigen und an seiner Statt zu richten und zu verurteilen."

Jusuf fuhr weiter: "Wenn du siehst, das deine religiöse Gruppe keinen Gottesdienst halten kann, keinen Vortrag halten kann, ohne auf vermeintliche Fehler von anderen Gruppen hinzuweisen, diese zu verurteilen und die Würdenträger dieser Gruppe schlecht zu machen, dann sie dich vor, du bist vermutlich in einer verführten Gruppe. Glaube ja nicht, dann hätte Satan doch schon längst alle Wahrheit daraus entfernt. Das wird er sicherlich nicht tun, denn dann würde es ja sogar dir auffallen, dass du missbraucht wirst von ihm." Da musste ich einhacken: "Hast du nicht selber vorhin über Luther gesprochen?" Jusuf antwortete: "Ja, ich habe über ihn gesprochen, doch nicht um ihn zu verurteilen. Ich sagte auch, dass er falsch behandelt wurde, aus Stolz von anderen. Ich brachte es als Beispiel, wie Satan alle gegeneinander ausspielt und nichts anderes tut, als spalten. Ich bemühe mich nach Kräften keinen Menschen zu verurteilen. Das kommt alleine Gott zu. Zudem weiss niemand, auf welche Weise Gott auf noch so krummen Linien gerade schreibt. Luthers Bibelübersetzung war eine grandiose Sache, wenngleich er nicht der erste war, da gab es mindestens vierzehn vor ihm. Doch diese Handschriften konnte sich keiner leisten. Das ist vielleicht auch ein Grund, warum diese von Satan nicht in gleicher Weise attackiert wurden, denn deren Übersetzungen wurden von der Geschichte vergessen. Luther hatte mit seiner vor allem Erfolg, weil da gerade der Buchdruck erfunden wurde. Gott halte es ihm zugute, dass er Millionen Menschen eine Liebe zu Gottes Wort gab, die sie sonst vermutlich nicht hätten."

Ich musste nachdoppeln: "Ich verstehe diese Äusserungen von dir, du bist ja auch katholisch." Prompt kam Jusufs Entgegnung: "Wer behauptet das? Der soll kommen und es mir ins Gesicht sagen. Was ich bin ist Sache Gottes und mir. Was ich glaube ist eine Frage des Zeugnisses vor Gott und den Menschen und dazu stehe ich. Ich glaube nicht mehr und nicht weniger, als ich aus der Bibel weiss."

Kapitel 8 – Der alte Jusuf und die Leiter zum Himmel

Nach dem gestrigen Abend ging ich dann zeitig zu Bett und dachte im Bett noch einige Zeit über Jusufs Worte nach. Schliesslich überkam mich ein zufriedener Schlaf.

Auch diesen Morgen wurde ich wieder früh aus dem Bett gerufen und das Frühstück wartete schon. Nach unserem gemeinsamen Spaziergang zur kleinen Kirche und dem Morgengebet meinte Jusuf: "Nun ist der Zeitpunkt, über das zu sprechen, wovon bereits Jakob in der Bibel träumte, die Leiter zum Himmel. Jakob sah in seiner Vision Engel diese Leiter auf und niedersteigen. Auch wir sind berufen, diese Leiter hochzusteigen, jedoch nicht mehr herunter. Es ist der Weg in den Himmel. Der Weg ist schmal und die Türe eng. Darum bietet sich das Bild der Leiter gut an, denn sie ist schmal und die Türe an deren Ende ist eng." So fragte ich: "Haben denn die Sprossen eine tiefere Bedeutung, oder symbolisieren sie einfach nur einen grundsätzlich steilen und mühevollen Aufstieg?" Jusuf überlegte eine Weile, dann meinte er: "Der Aufstieg ist grundsätzlich mühevoll, doch haben die Sprossen auch eine tiefere Bedeutung. Am besten siehst du die Leiter mit sieben Podesten. Auf jedem Podest gilt es neue Fähigkeiten zu erwerben und auf den Sprossen dazwischen diese Fähigkeiten anzuwenden." So bemerkte ich: "Dann kann ich also das erste Podest am Boden der Leiter ansetzen?" Jusuf meinte: " Nein! Das siebte Podest ist oben, es sind sieben Podeste auf der Leiter. Hier auf dem Boden musst du dir der Erlösung durch Jesus Christus bewusst werden, es ist deine Verankerung und die Vorbereitung des Aufstieges. Wenn du nicht begreifst, dass du dich nicht selber erlösen kannst, sondern nur durch Jesus Christus erlöst werden kannst, ist der Absturz von der Leiter schon vorprogrammiert. Es ist der Grundfehler all derer, die glauben, sie könnten sich selbst irgendwie erlösen, z.B. durch Wiedergeburt oder Meditationstechniken. Es ist eine der grössten Lügen Satans, denn sie enthält den Stolz, selbst zu sein wie Gott und Gottes Werk der Erlösung an sich selbst vollziehen zu können. Doch wir sind nicht Gott und können daher sein Werk nicht vollbringen, auch wenn wir 1000 Leben hätten. Jeder Mensch bedarf der Erlösung durch Gott in Jesus Christus. Nur er alleine kann das Werk Gottes tun, weil er Gott ist, als gezeugter Sohn und nicht als geschaffenes Wesen, das Fleisch geworden ist und unter den Menschen lebte und wieder kommen wird in Herrlichkeit."

Ich entgegnete: "Du meinst, alle, die daran glauben, sich selbst erlösen zu können, können gar nicht beginnen, die Leiter hochzusteigen?" Jusuf antwortet: "Nein, sie können beginnen, sie können auch recht hoch kommen, doch werden sie früher oder später herunterfallen und landen dann schliesslich durch ihren Stolz im Abgrund (der Hölle). Schau, die 'Erlösung' ist wie ein Gummiseil, das dich festbindet. Glaubst du, dass Jesus dich erlöst hat, wozu es Demut braucht, ist es bei Gott verankert im Himmel. Glaubst du, dass du dich selbst erlösen kannst, ist es verankert im Stolz und beim Vater des Stolzes, bei Satan und wird dich am Ende in den Abgrund reissen." Ich war sprachlos, über dieses einfache und doch so eindeutige Bild und meinte dann: "Dann kann ich gar nichts selber tun, als nur zu warten, dass mich dieses 'Gummiseil' zieht?" Jusuf lachte und meinte: "Nein, das Gummiseil zieht dich nirgends hin, solange du nicht zu steigen beginnst. Das eine, die Erlösung durch Christus, verhindert nur, dass du in den Abgrund stürzt und das andere der Selbsterlösung verhindert nur, dass du in den Himmel kommst. Nun beginnt mittels des Glaubens an die Erlösung der Aufstieg zum ersten Podest."

Ich fragte, welches das erste Podest sei und Jusuf erklärte mir: "Das erste Podest ist die <u>Heiligung</u>. Hier beginnt das Arbeiten an dir selber. Wenn du dich vom Boden entfernst, entfernst du dich vom irdischen, vom materiellen hin zum geistigen des Himmels. Es ist sozusagen die Stufe der Überwindung des Fleisches hin zum Geiste. Dies bedeutet nicht, dass du nichts Irdisches mehr hast, es bedeutet, dass du das irdische nur noch zum Erreichen des geistigen brauchst. Der Weg dahin sind die Tugenden Weisheit, Mässigung (Besonnenheit), Tapferkeit und Gerechtigkeit in der Erfüllung der elf Gebote Gottes. Nutze alles Irdische auf die Weise, als hättest du es nicht. Suche nicht mehr nach dem neuesten und besten Besitz, sondern verwende den Besitz, den du hast für deinen Nächsten. Lebe im Leib, als hättest du ihn nicht. Das heisst nicht, ihn zu vernachlässigen, sondern ihn nicht zu vergöttern. Er ist dein 'Esel', der dir auf dem Weg hilft. Du lässt deinen Esel (das wirkliche Tier) auch nicht in deinem Bett schlafen und selber schläfst du auf dem Fussboden, sondern er schläft auf dem Fussboden und du in deinem Bett. Dein Fleisch, dein Körper, ist dein Esel. Er dient dir und du solltest nicht ihm dienen. Erhalte ihn, pflege ihn, doch vergöttere ihn nicht. Du musst sogar für ihn sorgen, denn er ist der Tempel des Heiligen Geistes, doch eben nur ein vergänglicher. Du hingegen musst durch deinen Körper lernen mit deiner Seele mit dem Heiligen Geist eins zu werden. Darum hat Gott gar keine besondere Freude an den radikalen Asketen, denn sie kennen nicht die Tugend des Masshaltens. Ebenso wenig hat er Freude an denen, die in Schlemmerei leben, die kennen die Tugend des Masshaltens auch nicht. Dein Leib ist eben der Esel deiner Seele. Schätze ihn, wie Jesus den Esel schätzte, auf dem er in Jerusalem einritt, doch er ritt auf dem Esel und trug nicht den Esel nach Jerusalem. Er nutze ihn zu einem guten Werk, dem des Einzuges des Königs der Könige nach Jerusalem. Nutze du deinen Körper ebenso zu guten Werken. Dazu richte dich an die Gebote Gottes und die Tugenden, dann kommst du voran."

So fragte ich: "Und wenn ich sozusagen das Fleisch überwunden habe, was erwartet mich auf dem zweiten Podest?" Jusuf erläuterte mir: "Hier erwartet dich das Gespräch." Ich war erstaunt und fragte: "Das Gespräch, wie mit dir?" Jusuf musste lachen und erwiderte: "Oh nein, nicht mit mir, mit Gott! Es ist das Gespräch mit Gott, das Gebet. Beten ist so viel mehr, als das rezitieren von auswendig gelernten Texten. Das wahre beten ist die permanente

Gesprächsbeziehung mit Gott: 'Dem allmächtigen Vater, mit Jesus Christus, mit dem Heiligen Geist.' Das Gebet muss ein ständiger Austausch werden mit Gott. Wenn die Bibel sagte, wir sollen ohne Unterlass beten, meint sie damit nicht, andauernde Rezitationen von frommen Texten. – Die sind auch wichtig, denn sie helfen uns, uns immer wieder an Gott auszurichten. – Doch sie meint eine Seelenbeziehung zu Gott zu haben. Mit der Zeit lernst du Gottes Stimme in dir zu hören, denn die 'Schafe' Jesu kennen seine Stimme und folgen ihr und keiner anderen Stimme. Es ist die Stimme in deinem Gewissen, die sehr zart, leise und niemals verurteilend ist, sondern immer aufbauend, korrigierend in Liebe mahnend. Es ist besonders vor Entscheidungen mit Konsequenzen wichtig, gut auf diese Stimme zu hören. Glaube mir, mehr Entscheidungen haben Konsequenzen, als man denkt. Darum ist es wichtig, in seine Kammer in die Stille zu gehen und viel Zeit an ruhigen Orten zu verbringen, um die leise Stimme zu hören. In der Schenke, auf dem Jahrmarkt oder im Getümmel der Gesellschaft wirst du sie kaum hören. Darum verbringe ich sehr viel Zeit hier in der kleinen Kirche, wo es still ist und leise." Nun verstand ich, warum Jusuf täglich die Stille der kleinen Kirche aufsuchte.

So fragte ich: "Gebet ist somit der Schlüssel des zweiten Podestes, was erwartet mich auf dem dritten Podest?" Jusuf antwortete: "Auf dem dritten Podest findest du das <u>Vertrauen</u>. Vertrauen ist sehr vielschichtig, denn es geht nicht nur um das Vertrauen von deiner Seite gegenüber Gott, sondern auch dass Gott dir vertrauen kann. Darum wird er dich auch immer wieder prüfen, ob er dir auf den weiteren Sprossen, geschweige der Podeste, weiter vertrauen kann. Es ist wichtig, alle vorgehenden Sprossen und Podeste auf den nachfolgenden Podesten und Sprossen weiter zu pflegen, sonst fällst du sehr schnell auf die Podeste unter die, welche du vernachlässigt hast. Diese Stürze gehen nicht ohne Striemen und Schrammen ab, wie beim Bergsteigen. Vertrauen bedeutet jedoch auch, dass alle Menschen dir vertrauen können müssen. Darum hat es hier ein schweigsamer Mensch leichter als ein schwatzhafter. Denn mit dem Schwatzen geht oft ein Verplappern einher, das dann ein Vertrauensbruch zu anderen darstellt. Dir muss jeder, inklusive Gott, vertrauen können."

So fragte ich: "Ja, aber kann ich denn jedem einfach so vertrauen? Da werde ich doch nur ausgenutzt." Jusuf entgegnete: "Das ist richtig. Wenn du ganz sicher bist, dass ein Mensch lügt, versuche doch ihm die Möglichkeit zuzugestehen, dass er auch nicht lügt. Es ist besser, wegen der eigenen Vertrauensseligkeit ausgenutzt zu werden und weltliche Verluste hinnehmen zu müssen, als wegen mangelndem Vertrauen andere zu verurteilen. Wenn du oder dein Vertrauen ausgenutzt werden, sei versichert, dass das die beste Investition ist, die du machen kannst, denn dies bringt die dort Schätze ein, wo sie dir niemand stehlen kann, im Himmel. Dies bedeutet jedoch nicht, dass du deinen Verstand ausschalten sollst. Wie die Schrift sagt: 'Sei klug wie die Schlange und arglos wie die Taube.' Es bedeutet nicht, einem Dieb, von dem du weisst, dass er dich bestehlen will, deine Schlüssel zu geben, es bedeutet aber, dass wenn einer dich bestohlen hat, im Vertrauen auf Gott ihm das Gestohlene, so es für dich entbehrlich ist, du es ihm schenkst. So sammelst du dir Schätze im Himmel." Ich fürchte, dass das bis jetzt für mich das schwierigste Podest ist. Weil ich fürchtete, hier noch mehr Selbstaufgabe zu hören zu bekommen, denn genau darum scheint es hier zu gehen, fragte ich: "Was ist denn das vierte Podest?"

Jusuf lächelte nur, er schien zu merken, dass ich hier zu 'beissen' hatte und antwortete ganz ruhig, für mich fast zu ruhig: "Das vierte Podest ist die <u>Einheit der Brüder</u>." Wusste ich doch, dass er zu ruhig reagierte und so drängte ich etwas ängstlich: "Was meinst du damit? Sollen wir jeden Streit umgehen und zu allen Ungerechtigkeiten schweigen?" Jusuf antwortete: "Wenn du kannst. – Es geht hier tatsächlich darum, den Frieden zu suchen und ihm nachzujagen. Es geht darum, jeden Streit so gut als möglich zu vermeiden, denn er kommt immer von Satan. Das bedeutet aber nicht, dass du allem nachgibst. Doch du kannst deinen Standpunkt auch höflich und liebevoll klar machen. Zugegeben, das gelingt mir selber nicht immer, dennoch ist es der Beginn dieses Podestes. Einheit der Brüder bedeutet nicht, dass alle die gleichen Hosen tragen, es geht hier nicht um Uniformität, vielmehr um die Einheit in Christus. Der eine betet z.B. am liebsten im Gehen, ein anderer kniend in einer Kirche, ein dritter liegt auf seinem Bett. Einer geht gerne in eine lateinische Messe, ein anderer zieht die heilige Liturgie der Slawen vor, ein anderer fühlt sich angesprochener in einer schlichten Frühmesse. Jetzt können all diese beginnen miteinander zu streiten. Jeder wird hundert Argumente finden, warum nur seine Art und Weise die einzig richtige ist und alle beleidigen sie mit Inbrunst den Heiligen Geist. Denn es gibt verschiedene Gnadengaben, aber nur den einen Geist. Es gibt verschiedene Ausdrucksformen, aber nur den einen Gott. Wenn du nicht akzeptieren kannst, dass dein Nächster anders betet und Gottesdienst feiert als du selber, dann versagst du auf dieser Stufe. Die Einheit besteht niemals aus einer Form, sondern aus dem Inhalt und der ist bei allen Christus Jesus. Wenn du also beginnst über die Form zu streiten, dann bist du ein Pharisäer, der das Äussere über das Innere stellt, über Christus. Es muss nicht jeder dieselbe Frisur haben, um beten zu können, es hat auch nicht jeder dieselbe Nase und atmet doch. Es hat nicht jeder denselben Mund und isst doch. Dieses Podest verlangt viel mehr von dir, als das vorherige. Es verlangt Wertschätzung des Nächsten. Kannst du im nächsten Christus erkennen, selbst wenn er so anders ist, als du? Kannst du erkennen, dass die Einheit nicht in der Form besteht, sondern in Christus Jesus? Die Einheit der Brüder ist eine Einheit in Christus. Ich will dich aber hier noch etwas mehr schockieren. Die Brüder sind nicht alle lebend auf Erden, doch lebende Seelen. Zu den Brüdern gehören auch die, welche vor uns waren, besonders die Heiligen, die vor Gottes Angesicht stehen. Die Einheit der Brüder beinhaltet auch eine freundschaftliche

Beziehung zu ihnen. Sie haben erreicht, woran wir noch arbeiten, vor Gott in der Ewigkeit zu sein. Sie alle sind eins in Christus. Dabei gibt es Heilige, die mit Inbrunst für die slawische Liturgie kämpften, dabei gibt es Heilige, die genauso für die lateinische Liturgie kämpften und es gibt solche, die mit Eifer für die griechische Liturgie kämpften. Trotzdem sind sie Eins in Christus. Vielleicht haben sie erst im Himmel erkannt, wie kindisch ihr Streit auf Erden war, denn ob des Streitens hat vielleicht so mancher die Einheit in Christus vergessen. Dennoch sind sie nun Eins, denn einen tut und der Glaube und nicht die Form. Einen tut uns dasselbe Glaubensbekenntnis, dasselbe Credo. Welche Form der Liturgie im Himmel gefeiert werden wird, werden wir dort rechtzeitig erfahren, hier auf Erden ist es wichtig, im Glauben und seinem Bekenntnis geeint zu sein. Satan lacht jedes Mal, wenn er Christen spalten kann, durch Streitereien über die Form. Dies funktionierte bei den Pharisäern und es funktioniert immer noch bei den Christen. Wenn du einer Apostolischen Kirche mit Priesterweihe angehörst, dann danke Gott dafür, dass du Christus in der Eucharistie gegenwärtig hast, ob es nun griechisch, slawisch, lateinisch oder ein anderer Ritus ist, denn euch einen dieselben Wandlungsworte und dasselbe Glaubensbekenntnis. Wenn du einer protestantischen Richtung angehörst, dann gräme dich nicht, solange du dasselbe Glaubensbekenntnis hast. Ja, auf diesem Podest lernst du die Einheit der Brüder."

Nun war ich etwas verwirrt, und fragte: "Ja, bedeutet das, dass wir eine Art Einheitsreligion mit einer Mischform an Gottesdienst feiern sollen?" Uff, diese Reaktion, die nun folgte, hatte ich nicht erwartet. Jusuf schrie förmlich: "Weiche Satan!" Ich war verdutzt und fragte: "Habe ich etwas falsches gesagt?" Jusuf beruhigte sich etwas und sagte dann: "Entschuldige die Reaktion, doch diese Frage kam nicht aus dir, sondern von Satan. Satan wollte alle Menschen in Babylon durch den Turmbau verführen und ins Elend stürzen. Daraufhin verwirrte Gott die Sprachen der Menschen.

Glaubst du, das war eine Strafe? Nein, das war ein Schutz, dass es Satan nicht mehr so leicht hat, alle Menschen in gleicher Weise zu verführen. Wenn Gott zum Heil der Menschen die Sprachen verwirrte und so verschiedene Kulturen schuf, dann sind diese auch als das zu sehen, was sie sind, ein Schutz Gottes vor kompletter Verführung Satans. Seither ist Satan bestrebt, die Sprachen zu vereinen, um die Menschen besser verführen zu können und sie noch besser zu täuschen und dann in ihrer Seele zu verwirren um sie mit sich in die Hölle zu reissen. Nur keine Einheitsreligion! Aber das ist nicht Thema dieses Podestes, das behandeln wir später. Hier ist entscheidend, dass wir gerade aufgrund des Geschenkes verschiedener Kulturen und Sprachen eine Einheit im Glaubensbekenntnis haben und die apostolischen Kirchen zudem eine Einheit in den Weihen und den Wandlungsworten. Wenn diese geändert werden, dann… aber dazu an anderer Stelle mehr." Hier wurde ich neugierig und wollte nachdoppeln: "Aber das interessiert mich, kannst du nicht noch mehr darüber sagen?" Jusuf meinte trocken: "Nein, nicht jetzt, denn das passt nicht zum nächsten Podest."

Was wollte ich nun machen, ich bat um eine kleine Auszeit und Jusuf lächelte, drückte mir eine Schaufel in die Hand und meinte: "Komm, die 'Esel' brauchen Betätigung. Nun musste auch ich lachen und wir gruben eine halbe Stunde einen Acker um.

Diese manuelle Arbeit tat gut und wir setzten uns wieder. Merklich entspannt fragte ich Jusuf: "Was ist denn das fünfte Podest auf der Leiter?" Jusuf schaute mir tief in die Augen, musterte mich, wie wenn er meine Seele durchdringen wollte und sagte dann: "<u>Vertrauen, Hoffnung & Liebe</u> sind das fünfte Podest." Ich sagte: "Aber Vertrauen hatten wir doch bereits?" Jusuf war positiv überrascht und meinte: "Sehr gut bemerkt, doch dort ging es um das Vertrauen, das die Menschen in dich haben können müssen. Bedenke, wir bewegen uns von der Erde weg. Nun wird es geistlicher. Hier geht es um das Vertrauen in Gott. Nicht mehr ich lebe, sondern Christus lebt in mir. (Gal 2,20). Waren die vorherigen vier Podeste noch recht erdgebunden, so beginnen nun die Podeste der Gottbezogenheit. Hier geht es darum, in völligem Gottvertrauen zu leben, in absoluter Hoffnung auf das Heil in Gott und in totaler Liebe zu Gott in Jesus Christus." Nun brannte mir auf der Zunge: "Das erinnert mich irgendwie an den Satz, wollt ihr den totalen Krieg?" Jusuf lächelte und meinte: "Den Satz habe ich live gehört und, ja, darum geht es übertragen auch, aber davon auch später. Hier geht es darum, dass du in jeder Situation deines Lebens blind auf Gott vertraust. Du lernst hier, dass, egal was passiert, du in der Hoffnung lebst, dass Christus dich aus allem befreit, in seiner unendlichen Liebe." Ich entgegnete: "Das klingt für mich ein bisschen fatalistisch." "Jusuf zögerte kurz und sagte dann: "Ich weiss nicht, was fatalistisch bedeutet, doch es kann auf jeden Fall fatal werden. Gott kann dich nämlich direkt ins Martyrium führen und du wirst in dieser Situation immer noch voll Vertrauen auf ihn sein. Auch in dieser Situation wirst du in der absoluten Hoffnung leben, dass er alles zu deinem Heil zulässt. Darüber hinaus gibst du gerade in dieser Situation von Liebe erfüllt sogar dein Leben für Jesus, denn er ist dein Freund und er lebt in dir und du lebst in ihm und es gibt keine grössere Liebe, als wenn einer sein Leben für seinen Freund hingibt. Das kann auch Dein Leben aus Liebe zu Jesus sein. Denke an das elfte Gebot."

Dann fuhr Jusuf auch schon weiter mit dem sechsten Podest. "Das sechste Podest ist die <u>Geduld</u>. Dies ist überhaupt das schwierigste Podest. Darum möchte ich gar nicht lange hier verweilen. Es beinhaltet Geduld in allem. Im Warten auf einen Zug, im Ausharren in einer Krankheit, die Jahre dauern kann, auch im Beständig sein im vierten Podest. All dies kann Jahre und Jahrzehnte dauern und dich an die Grenzen der Belastbarkeit bringen. Ja, es wird dich an alle Grenzen bringen. Es ist das Podest der Prüfung schlechthin. Alles, was du an vorherigen Podesten vernachlässigt hast, wird dir nun hier bewusst, denn du stürzt unzählige Male jeweils ein Podest darunter und beginnst aufs Neue die Leiter zu erklimmen. Solange, bis du alle Podeste im Herzen, nicht nur im Verstand hast und sie selbstverständlich lebst. Wenn du sie dann alle selbstverständlich lebst, dann hast du das Gefühl, dass die Sprossen zum letzten Podest kein Ende nehmen wollen, eben wieder eine Prüfung der Geduld."

Nun war ich etwas deprimiert, denn ich dachte, das ist nie zu schaffen und wofür all diese Anstrengung. Doch Jusuf fuhr gleich mit dem letzten Podest weiter: "Schliesslich erreichst du das siebte Podest, <u>die Bedingungslose Liebe des Vaters [kennen]</u>. Wenn du all die anderen Podeste in deinem Leben verinnerlicht hast und in himmlischer Geduld alles das eingeübt hast, wirst du es allmählich immer mehr lieben lernen. Die Liebe wird dein Herz erfüllen, mehr und mehr. So sehr, dass du irgendwann erkennst, dass du selber vor der bedingungslosen Liebe Gottes des Vaters stehst. Dann erhältst du Zugang zum Baum des Lebens. Dann beginnt deine Seele aus der Kraft Gottes zu leuchten und zu leben und du kannst in deiner Seele nicht mehr von Gott getrennt leben, du hältst es nicht aus. Die kleinste Sünde, die du dann begehst, schmerzt dich dann derart, dass du nicht anders kannst, als Gott sogleich, wie ein liebendes Kind um Verzeihung zu bitten. Du wirst ihm auch für alles Danken, was du erlebst, denn du erkennst, dass es nur darum zugelassen ist, um dich noch inniger in der Liebe Gottes zu verankern und dich noch näher an ihn zu bringen, sei es in Früchten des Erfolges oder den kostbareren Früchten der Sühne für dich und andere."

Als ich Jusuf fragte, ob das nicht alles eine Spur zu vergeistigt sei und ob Satan da nicht längst dagegen vorgehen würde um unsere Schutzlosigkeit auszunutzen, meinte er fast vergnügt: "Darum brauchst du auf dieser Leiter auch die Rüstung Gottes, damit wir aber gerüstet sein können, wollen wir jetzt beten und dann etwas essen."

Kapitel 9 – Der alte Jusuf und die Rüstung Gottes

Nach der Sorge um die 'Esel', wie es Jusuf nannte, fuhr er fort: "Auf all diesen Stufen brauchst du auch die nötigen 'Waffen' und die dazugehörige 'Rüstung' Gottes, sonst kannst du nicht bestehen. Als erstes, gleich auf dem ersten Podest der Leiter, benötigst du den Schutzschild des Glaubens. Ohne den Glauben an Jesus und die daraus resultierenden Gnadengaben, wirst du die 'Pfeile' derer, die dich nicht 'entschwinden' lassen wollen nicht abwehren können. Wenn du dich beginnst zu heiligen und dich somit von der Erde entfernst, entfernst du dich automatisch von denen, die du deine Freunde nanntest. Sie werden dich kritisieren, dir deine früheren Fehler und Sünden vorwerfen. Diese treffen dich wie Pfeile und werden dich derart verletzen, dass du ohne Schutzschild schnell wieder auf der Erde, oder besser gesagt im Weltlichen, landen wirst. Nur der Glaube schützt dich besonders an deinen verwundbaren Stellen. Schütze mit dem Glauben somit besonders diese Stellen. Das sind die Stellen deiner Seele, in denen du früher beleidigt und gekränkt worden bist. Die Dämonen werden ihre 'Gefangenen' dazu anleiten, exakt auf diese Stellen zu schiessen und alte Wunden zu treffen. Glaube daher an den dreieinen Gott und an die Gewissheit, dass er dich trotz dieser alten Sünden unendlich liebt. Es ist unwichtig, wie du vor den Menschen dastehst und ob sie dich für einen der ihren halten oder nicht. Sei einer von Gott und versuche verankert im Glauben nunmehr nur noch Gott zu gefallen."

"Auf dem Podest des Gebetes wird dir die Rüstung der Wahrheit, der Gerechtigkeit & der Verkündigung gegeben werden. Ziehe sie an. Die Wahrheit ist Christus selber. Lebe so, wie Christus Jesus gelebt hat: Mildtätig, barmherzig und voller Liebe zu allen Menschen und zur Schöpfung Gottes. Nutze niemanden und nichts aus. Vergiss nie, dass Gerechtigkeit nicht von Menschen kommt, sondern letztlich immer nur von Gott. Nur in Gott finden wir echte Barmherzigkeit und Gerechtigkeit. Dann verkünde die Botschaft

Jesu, ermuntere die Menschen Jesus zu suchen und zu lieben. Erkläre ihnen, dass nur durch ein Leben, wie er es lebte, Friede und Glück auf der Erde herrschen kann. Diese Rüstung benötigst du, weil ab diesem Podest Verleumdung und Tratsch nicht ausbleiben werden. Mit dieser Rüstung gelingt es dir, die alten Wunden zu bedecken, die dir früher bereits durch Verleumdung und Tratsch zugefügt wurden. Diesem Übel begegnest du nicht wirksam, indem du dich versteckst und verkriechst, sondern, indem du gleichsam als neuer Mensch die Wahrheit tust, sprich: als Christ lebst, wie Christus selbst gelebt hat."

"Auf dem Podest des Vertrauens erhältst du einen 'Anker', mit dem du dich auf jedem Podest, ja in jeder Sprosse verankern kannst. Dieser <u>Anker ist das 'Schwert des Wortes Gottes'</u>. Hier wird sich zeigen, ob du die Bibel nicht nur aus dem Bücherregal kennst, sondern sie verinnerlichst, und aus ihr lebst. Mir helfen die Bilder und Statuen in der Kirche dazu, du kannst lesen, so lese immer und immer wieder in der Bibel. Lass dir von niemandem die Zeit dafür rauben, denn dann wirst du des Schwertes beraubt, das dir als Anker dient. Je mehr du die Worte der Schrift verinnerlichst, umso mehr wirst du feststellen, dass es der Heilige Geist ist, der in dir lebendig wird, denn die Heilige Schrift ist inspiriert durch den Heiligen Geist."

"Ab dem Podest der Einheit der Brüder benötigst du die <u>'Pfeile der Biblischen Wahrheiten und Hoffnungen'</u> besonders gegen die Dämonen. Wer plötzlich die Einheit der Brüder im gemeinsamen Glauben an Jesus Christus sieht und nicht in einer Uniformität der Formen – was nicht heisst, dass Formen unwichtig sind, denn ohne eine Form hält kein Inhalt. Jeder Inhalt benötigt zwingend eine Form, doch kann diese unterschiedlich aussehen – der wird von so ziemlich jedem Dämon angegriffen. Freilich tun sie es nicht selbst sichtbar, denn dann würden sie ja auffliegen. Sie tun es vielmehr in ihrer Feigheit indem sie Menschen dazu missbrauchen und diese als willfährige Werkzeuge durch ihre Einflüsterungen nutzen. Die

Biblische Wahrheit ist, dass die Gemeinde mannigfaltig ist, dass sie im einen Glaubensbekenntnis geeint ist, dass Jesus in der Heiligen Eucharistie in Leib und Blut gegenwärtig ist. Doch lasse dich darüber nicht in Streitereien ein, halte es nur fest und bekenne es. Denn die Hoffnung auf die Gewissheit der Erlösung, die Hoffnung in Christus Jesus genügt. Streite nicht, verkünde nur."

"Ab dem Podest des Vertrauens in Gott, der Hoffnung und der Liebe wird dir der <u>Kampfruf des Evangeliums Jesu Christi</u> zuteil. Alles was du vorher gelernt hast – und versuche nicht, Stufen zu überspringen – ist zusammengefasst in der Botschaft des Evangeliums, die den Armen vor Gott die frohe Botschaft bringt und den in der Sünde gefangenen Freilassung verkündet. Denn nun lebst nicht mehr du, sondern Christus lebt in dir und das geht nur, wenn du das Evangelium lebst und es dein 'Kampfruf' ist."

"Ab dem sechsten Podest sind die neuen Waffen die Engel Vertrauen, Hoffnung, Liebe und Weisheit. Es ist die Verankerung im Wort und das Wort ist Fleisch geworden und es ist Jesus Christus selbst. (Joh 1,1ff) Ab dieser Stufe geht es nicht mehr ohne die Hilfe der Engel, denn es ist die Stufe der Geduld. Es heisst nicht umsonst, eine Engelsgeduld haben. Ja, die Engel sind gute Lehrmeister in Geduld. Sie führen dich seit deiner Geburt geduldig auf den Pfad der Liebe und vermitteln dir die Weisheit. Dies alles findest du wiederum im Wort Gottes."

"Auf dem siebten Podest schliesslich begegnet dir der <u>Heilige Geist</u>. Er ist die Siegesgewissheit und hilft dir zum Kampf gegen die Heerscharen des Bösen. Er hilft dir diesen Kampf zu führen. Du aber kämpfe nur von der heiligen Leiter aus. Gehe nie auf dem Niveau des Bösen. Denn auf deren Niveau bist du auf verlorenem Posten. Von der heiligen Leiter aus musst du kämpfen. Darum beginne gleich mit dem Aufstieg auf die heilige Leiter und beginne von ihr aus zu kämpfen. Nutze nie die Waffen des Bösen, denn das Böse lässt sich nicht durch deren eigene Waffen schlagen, sondern nur durch die Waffen des Guten, die Waffen Gottes."

An dieser Stelle fragte ich Jusuf: "Kann ich auch Fehler machen?" Er antwortete mir: "Es gibt Fehler und Fallen. Einen Hauptfehler habe ich bereits genannt. Wer feindliche Pfeile nutzt, der beschuldigt, verleumdet und tratscht selber. Das gibt nur Verbitterung und Zorn. Diese führen dann schnell zu Stolz und Selbstgerechtigkeit. Das ist, wie wenn du das 'Gummiseil' nicht mehr im Himmel verankerst, sondern in der Hölle. Dann gibt es den Fehler, sich zurück zu begeben, sprich die Leiter zu verlassen und nach unten in den Kampf, auf 'fremden/bösen Boden' zu gehen. Da bist du bereits verloren, da du die Sicherheit der Leiter verlassen hast."

Ich fragte Jusuf: "Mit welchen Gegnern muss ich in diesem Kampf rechnen?" Er erstaunte mich sehr mit seiner Antwort: "Der Hauptgegner ist der 'Geier der Depression'. Dann die 'Dämonen der falschen Zuwendung im Geiste' und schliesslich die 'Schlangen des eigenen Gefangenseins in der Schande'. Die letzteren kann nur Gott von uns nehmen, auf das Bitten der Menschen. Die falsche Zuwendung im Geiste ist ein geheucheltes Liebesverhältnis zu Gott, es ist ein Selbstbetrug, der einem glauben machen will, Gott mehr zu lieben als die Welt; doch in Wahrheit hängt das Herz noch an der Welt. Die Depression ist das Häufigste. Ja es ist weniger eine Krankheit, als ein Ansturm von Dämonen. Es gibt nur ein Heilmittel dagegen. Dieses ist tiefe Reue für alle Sünden. Es ist wichtig, alle Sünden zu sehen und zu erkennen, die man begangen hat. Das ist eine schwere Arbeit, doch sie lohnt sich. Die Erkenntnis der eigenen Sünden hilft dir erst zu wahrer Umkehr. Wenn du sie aber erkannt hast, aus echter Liebe zu Jesus gebeichtet hast und echte Reue (Busse) empfindest, dann lass sie dir von keinem Dämon mehr einflüstern, sonst hindern sie dich an deinem Aufstieg auf der Himmelsleiter. Wenn du diese Reue für ALLE Sünden hast und Gott um Vergebung gebeten hast (die apostolischen Christen mit Priestern mögen beichten), dann beginne eine herzliche Beziehung mit Jesus und beginne einfach, indem du ihm alles aus deinem Leben halblaut erzählst. Du wirst sehen, dass die Depression dann verschwindet. Untermauere das Ganze jedoch mit einem Leben in Tugend, sonst kommt sie bald zurück."

Nach diesem interessanten Gespräch fragte ich Jusuf: "Was ist eigentlich Sünde?"

Kapitel 10 – Der alte Jusuf und die Sünde

Jusuf wurde sehr ernst und schwieg eine geraume Zeit, dann sagte er: "Das ist eine sehr wichtige und gute Frage. Vielleicht eine der wichtigsten überhaupt. Sünde ist Abkehr von Gott. Manchmal unbewusst und manchmal leider sehr bewusst. Wenn wir sagen, dass wir keine Sünde haben, führen wir uns selbst in die Irre, und die Wahrheit ist nicht in uns. Sünde ist letztlich immer Stolz. Entweder wollen wir es besser wissen, als Gott oder wir rebellieren sogar gegen Gott. Dies geschieht bei allem, was wir als bekannten Willen Gottes erkennen – und der steht in der Bibel, besonders im Neuen Testament – und nicht akzeptieren oder Wahr haben wollen." Dann schwieg Jusuf wieder und auch ich brauchte einige Minuten dies zu verarbeiten.

So wandte ich dann ein: "Wenn wir es aber einsehen und Gott um Vergebung bitten und bereuen, dann vergibt er uns doch." Jusuf entgegnete: "Im Prinzip Ja, doch die Beichte ist der beste Ort für dieses Bereuen." Nun wandte ich ein: "Aber die sogenannte Ohrenbeichte ist doch eine neue Erfindung." Jusuf meinte: "Wenn du König David als neu ansiehst schon." Nun war ich verwundert und fragte: "König David hat doch keine Ohrenbeichte abgelegt." Jusuf sagte: "Doch, genau das hat er und Natan spricht ihm persönlich die Vergebung zu: 'Da sagte <u>David zu Natan</u>: <u>Ich habe gegen den Herrn gesündigt</u>. Natan antwortete David: Der Herr hat dir deine Sünde vergeben; du wirst nicht sterben.' (2 Sam 12,13)"

Nun war ich sprachlos. Das hatte ich nicht erwartet. So fragte ich: "Dann ist diese Form wirklich nicht neu und biblisch fundiert." Jusuf meinte: "Ja, das ist sie. Wenn wir unsere Sünden bekennen, ist er treu und gerecht; er vergibt uns die Sünden und reinigt uns von allem Unrecht. Wenn wir sagen, dass wir nicht gesündigt haben, machen wir ihn zum Lügner, und sein Wort ist nicht in uns. (1 Joh 1,8-10) Wenn jemand etwas, was Gott gehört, veruntreut hat, also eine von den Sünden begangen hat, wie sie bei Menschen vorkommen, dann ist dieser Mensch schuldig geworden. Sie sollen die Sünde, die sie begangen haben, bekennen, und der Schuldige soll das, was er schuldet, voll ersetzen und dem, an dem er schuldig geworden ist, noch ein Fünftel dazugeben, heisst es in der Bibel. (Num 5,5-7). Die Beichte ist sozusagen bereits ein Sakrament des Alten Testamentes. Das Sakrament der Versöhnung, auch Busssakrament oder Beichte genannt, kennt die Kirche darum bereits seit ihrem Beginn. Viele haben eine grosse Scheu, zu beichten. So manche Person sucht nach so genannten Bussfeiern mit 'Generalabsolution'. Ich kann dies durchaus verstehen und dies war eigentlich zu Beginn der Kirche auch fast so, jedoch ohne Generalabsolution, sondern mit Einzelabsolution nach Vollbringung des Busswerkes. Mit dem, was heute darunter verstanden wird, hatte es nichts zu tun. Gemäss Jakobusbrief 5,16: 'Darum bekennt einander eure Sünden, und betet füreinander, damit ihr geheiligt werdet. Viel vermag das inständige Gebet eines Gerechten.' Dies bedeutet nichts anderes, als das die ersten Christen in einem Gottesdienst öffentlich ihre Sünden bekannten. Im Extremfall etwa so: 'Ich bin der Lehrer XY und bitte um Vergebung, dass ich das Kind der Familie YX missbrauchte.' Solche Geständnisse führten zwar zur Versöhnung des Sünders mit Gott, aber noch mehr zu neuen Sünden des Volkes gegenüber des Sünders, denn diese verurteilten ihn in ihrem Herzen und nahmen so den Platz Gottes ein, was wiederum eine Rebellion gegen Gott ist und somit Sünde. Daher fand im Verlaufe der Geschichte immer mehr die sogenannte Ohrenbeichte im Beichtstuhl Einzug, bis heute. Die Beichte soll nicht deswegen persönlich sein, weil der Mut der beichtenden Person getestet werden soll, sondern, dass der Priester dem Sünder helfen kann zu Gott zurückzufinden. Ich gestehe, dies ist in den vergangenen Jahrzehnten zu kurz gekommen. Umso wichtiger ist ein guter Beichtspiegel, der dazu mithelfen soll. Zudem sündigt der Sünder ja nicht nur gegen Gott, sondern immer auch gegen die Gemeinde. Der Priester – das bedeutet, der Älteste als Amtsfunktion – spricht dem Sünder Vergebung im Namen Gottes und im Namen der

Gemeinde zu, die ja die Braut Gottes ist. Zudem sagte Jesus am Abend des ersten Tages der Woche, als die Jünger aus Furcht vor den Juden die Türen verschlossen hatten, und nur, heute würde man sagen die Amtskirche anwesend war, denn die anderen hatten sich ja verstreut: 'Friede sei mit euch! Nach diesen Worten zeigte er ihnen seine Hände und seine Seite. Da freuten sich die Jünger, dass sie den Herrn sahen. Jesus sagte noch einmal zu ihnen: Friede sei mit euch! Wie mich der Vater gesandt hat, so sende ich euch. Nachdem er das gesagt hatte, hauchte er sie an und sprach zu ihnen: Empfangt den Heiligen Geist! <u>Wem ihr die Sünden vergebt, dem sind sie vergeben; wem ihr die Vergebung verweigert, dem ist sie verweigert</u>.' (Joh 20,19-23)"

Ich wollte doch noch einmal auf das Thema Sünde zurückkommen und fragte: "Aber, wie erkenne ich denn, was Sünde ist?" Jusuf antwortete mir: "Indem du alles an den elf Geboten Gottes misst. Du erinnerst dich doch noch daran, was ich dir über die Gebote erzählte."

Um ehrlich zu sein hatte ich viel davon wieder vergessen und so sagte ich zu ihm: "An einiges erinnere ich mich noch, an das andere muss ich mich aufs Neue erinnern und meine Notizen durchsehen." Es war nun für mich an der Zeit, über all das gesagte nachzudenken und so verabschiedete ich mich für diesen Tag von Jusuf, ging zurück in die Schenke, auf mein Zimmer und begann all die Notizen erneut durchzulesen. Es war erstaunlich, was ich daraus alles entnehmen konnte. Bei so Manchem dachte ich, dass ich das irgendwie nicht gehört hätte und es ganz neu war. Doch ich sah auch, dass die Notizen wirklich vorhanden waren. So las ich immer wieder dieselben Aufzeichnungen und jedes Mal ergaben sich für mich ganz neue Erkenntnisse.

Solche Gespräche führten sich in den nächsten Tagen noch einige weitere an. Das letzte war jedoch eins, dass ich nicht vorenthalten möchte.

Kapitel 11 – Der alte Jusuf und die Endzeit

Nun, da Jusuf nicht mehr der Jüngste war, wollte ich mit ihm auch über seinen Tod sprechen. Jusuf hatte wieder einmal eine bemerkenswerte Antwort: "Lass uns nicht über meinen Tod sprechen, denn der ist nicht wichtig für dich, lass uns vielmehr über das sprechen, was in deiner Generation eintreten könnte, das Ende dieser Epoche, die sogenannte Endzeit, die Wiederkunft Christi. Das ist viel wichtiger für dich." Damit hatte ich nicht gerechnet und es machte mir Angst. Ich kannte dem Ansatz nach das Buch der Offenbarung und ich muss sagen, auf diese Ereignisse war ich weder neugierig noch erpicht. So sagte ich dann: "Du machst einen Scherz, oder? Das Ende ist doch noch in weiter Ferne."

Jusuf schaute mich durchdringend an und meinte dann: "Es ist mir sehr ernst. Ob es heute oder morgen geschieht, kann ich nicht sagen. Doch in hundert oder tausend Jahren wird es vermutlich nicht sein. Ich denke, es wird in deiner Generation sein, denn darauf deuten alle entsprechenden Worte Jesu. Es gab noch nie in der Geschichte eine derartige Naherwartung von so vielen, wie heute. Es ist, wie vor der Geburt Jesu. Auch damals gab es eine Messias-Erwartung, wie nie zuvor in der Geschichte. Die Bibel muss zudem als Einheit gesehen werden, sowohl das Alte als auch das Neue Testament. Beide berichten vom Ende. Das Alte Testament tut das in Bezug auf das Volk Israel und das Neue Testament in Bezug auf die Gemeinde, die Kirche. Freilich wird da vieles in Bildern beschrieben, die uns heute genauso fremd sind, wie wenn Daniel im Alten Testament oder Johannes im Neuen Testament hätten Computer, Handys oder Fernseher beschreiben müssen. Das Alte Testament beschreibt, wie das Volk Israel, bzw. die Juden, aufgrund der Ablehnung des Messias Jesus in alle Welt zerstreut werden und am Ende der Tage wieder versammelt werden. Es gibt kein Volk auf der Erde, das in der Fremde seine Identität länger als gut 250 Jahre aufrechterhalten konnte. Jedes

Volk ging nach spätestens 250 Jahren in dem Volk auf, in dem es lebte. Es gibt weltweit nur eine einzige Ausnahme: das Jüdische Volk. Dieses bewahrte seine Identität unter schrecklichsten Bedrängnissen sieben Mal so lang. Ja, 1812 Jahre, um genau zu sein, und darüber hinaus." Ich war verwundert, über diese Zahl und fragte: "Woher hast du nun die Zahl 1812?" Jusuf antwortete: "Um das Jahr 30 wurde Jesus von seinen eigenen Leuten abgelehnt und gekreuzigt. 40 Jahre später, also im Jahre 70 wurde dieses Volk von den Römern in alle Winde vertrieben. Seit 70 nach Christus gab es keinen jüdischen Staat mehr und kein nennenswertes jüdisches Volk mehr im heutigen Israel. 1812 Jahre später begann sich das zu ändern."

Dann schob Jusuf ein: "Viele erwarten mit Ungeduld die "Endzeit" oder die Wiederkunft Christi und sind enttäuscht, dass diese noch nicht geschehen ist. Dies ist menschlich nachvollziehbar. Wir sollten jedoch dankbar sein für jede Stunde, die wir mehr Zeit haben. Bist du wirklich vorbereitet auf IHN? Du denkst Ja? Dann prüfe dich selbst: Vertraust Du Jesu Wort? Bist du ein Tempel Gottes, des Heiligen Geistes, oder doch eine reinigungsbedürftige Behausung, vielleicht vom Bösen? Ich bin fast sicher, dass viele antworten werden: 'Ich bin bereit!', schliesslich habe ich mich über Jahre darauf vorbereitet.' In manchem werden jedoch Zweifel aufkeimen, ob es wirklich wahr ist, oder doch nur eine Lüge. Denn bis jetzt ist doch nichts passiert. Ist tatsächlich nichts passiert? Leben wir tatsächlich in der Endzeit? Die Theologen behaupten, dass wir seit Jesu Kreuz, Auferstehung und Himmelfahrt in der Endzeit leben. Dies stimmt, wenn wir von Adam und Eva im Paradies ausgehen. Doch hat Jesus das mit seinen Worten über das Ende gemeint? Nicht ganz."

Schliesslich fuhr Jusuf fort: "Dies blieb so bis exakt 1882. In diesem Jahr begann die echte Endzeit. Die ersten Juden kehrten nach Palästina zurück, in der sogenannten ersten Alija. Jesus prophezeite, dass am Ende vermehrt Naturkatastrophen, Kriege usw. zu verzeichnen sind. Sozusagen aufs Stichwort geschah die grösste Naturkatastrophe der Zeitgeschichte mit dem Ausbruch des Krakataus 1883. 1917 war ein jüdisches Jubeljahr und der Staat Israel wurde durch die Balfour-Deklaration sozusagen aus der Taufe gehoben, im gleichen Jahr von Fatima. 1947/48 wurde Israel dann als Staat proklamiert, also 30 Jahre später. 1967 war wieder ein jüdisches Jubeljahr (alle 50 Jahre) und Israel gewann den 6-Tage-Krieg und Jerusalem wurde die Hauptstadt von Israel. Seit 1967 wuchs die Landwirtschaft in Israel derart an, dass dieses kleine Land mittlerweile der drittgrösste Exporteur von Früchten auf der ganzen Welt ist, ja sogar Blumen nach Holland verkauft. All dies wurde bereits im Alten Testament vorausgesagt." Vgl. (Jes 27,6)

Dann sagte Jusuf weiter: "Auch 2016/17 ist wieder ein Jubeljahr. Wissen wir bereits, was dann geschieht? Nun, nicht im Detail. Eine Prophezeiung aus der Offenbarung des Johannes wissen wir jedoch, auf den Tag genau, wann sie eintrifft, aus der 7. Posaune: "Dann erschien ein grosses Zeichen am Himmel: eine Frau, mit der Sonne bekleidet; der Mond war unter ihren Füssen und ein Kranz von zwölf Sternen auf ihrem Haupt." (Offb 12,1-2) Diese Sternenkonstellation wird sich am Himmel zeigen, ab Ende 2016 und hat nach gut 42 Wochen ihren Höhepunkt nach genau diesem Bild der Bibel mit der Geburt des 'Königsplaneten Jupiter' aus dem Sternbild der Jungfrau, am 23.09.2017. Zum letzten Mal war dieses Zeichen übrigens bei Abraham vor ca. 4000 Jahren so am Himmel zu sehen. Bei Abraham bzw. der Geburt Jakobs Ben Isaak, wurde die Geburt des Volkes Israel als das Volk angekündigt, das den König der Könige hervorbringen wird: Jesus Christus. Bei dessen Geburt war ein anderer Stern aufgegangen, den wir heute nicht mehr mit Sicherheit ausmachen können, exakt in der Hälfte der Zeit und am Ende dieser Zeitspanne wird die Geburt des neuen Gottesvolkes angekündigt, das aus Nachkommen Israels und der Kirche bestehen wird."

Jusuf fuhr weiter: "Ich kann dir nicht sagen, ob dann, kurz davor oder kurz danach dies oder jenes kommt. Die genaue Stunde kennt nur Gott. Ich weiss nur, dass sich seit 1882 die Kosten von Naturkatastrophen fast jährlich verdoppeln zum jeweiligen Vorjahr. Ich weiss, dass 2016 weltweit das heisseste Jahr sein wird, das es je seit Messungen gegeben haben wird. Ich weiss, dass es noch nie in der Menschheitsgeschichte so viele Tote gab, wie in den Kriegen seit 1882. Ich weiss, dass sich seit 1882 sämtliche Prophezeiungen der Bibel betreffs der Endzeit erschreckend exakt erfüllen. Ich weiss, dass die Muttergottes 1917 grösste Schrecken voraussagte und diese 'Sterne' sozusagen auf 100 Jahre danach hindeuten. Ich weiss, dass das Jahr der Barmherzigkeit kurz vor dem Beginn dieser biblischen Sternenkonstellation zu Ende geht. Ich weiss, dass der Höhepunkt dieser Sternenkonstellation exakt auf das Ende des jüdischen Jubeljahres und seinen Neujahrstag für ihr Jahr 5778 (23.09.2017) zusammenfällt. Ich weiss, dass wir nicht bereit sind dafür. Oder glaubst du doch?"

Ich wandte ein: "Das sind beeindruckende Zahlen, doch was sagt denn die Bibel zu den Ereignissen?" Jusuf Antwortete, lies mir doch vor, was in Matthäus 24,7-31 steht." So nahm ich die Bibel und begann zu lesen, wären er jeweils Stichworte einschob: 'Denn ein Volk wird sich gegen das andere erheben und ein Reich gegen das andere [weltweite lokale Kleinkriege, Scharmützel und weltweiter Terrorismus], und an vielen Orten wird es Hungersnöte [mehr als 10% der Weltbevölkerung hungert heute] und Erdbeben [seit dem Jahr 2000 haben sich starke Erdbeben verfünffacht] geben. Doch das alles ist erst der Anfang der Wehen. [Sternbild vom 23.09.2017] Dann [danach] wird man euch in grosse Not bringen und euch töten, und ihr werdet von allen Völkern um meines Namens willen gehasst. [Das Christentum ist bereits jetzt die am meisten verfolgte Religion und es wird noch weit schlimmer werden.] Dann [aufgrund dessen] werden viele zu Fall kommen und einander hassen und verraten. [Viele stellen das irdische Leben dann über das ewige Leben und werden aus Überlebensangst Gläubige verraten.] Viele falsche Propheten werden auftreten, und sie werden viele irreführen. [deshalb viele neue Sekten, Splittergruppen und Irrlehrer] Und weil die Missachtung von Gottes Gesetz überhandnimmt, wird die Liebe bei vielen erkalten. [Wer nur noch Gewalt um sich sieht, kann nur sehr schwer echt lieben.] Wer jedoch bis zum Ende standhaft bleibt, der wird gerettet. Aber dieses Evangelium vom Reich wird auf der ganzen Welt verkündet werden, damit alle Völker es hören; [erst durch Internet, Fernsehen und moderne Handys möglich, also seit ca. 2007] dann erst kommt das Ende. [Dieses sieht folgendermassen aus.] Wenn ihr dann am heiligen Ort [Das kann sowohl der Tempelberg in Jerusalem oder der Petersdom in Rom sein oder an beiden Orten gleichzeitig.] den unheilvollen Gräuel stehen seht, der durch den Propheten Daniel vorhergesagt worden ist - der Leser begreife -, dann sollen die Bewohner von Judäa in die Berge fliehen; wer gerade auf dem Dach ist, soll nicht mehr ins Haus gehen, um seine Sachen mitzunehmen; wer auf dem Feld ist, soll nicht zurückkehren, um seinen Mantel zu holen. [Dann beginnt der Höhepunkt einer jeden Verfolgung.] Weh aber den Frauen, die in jenen Tagen schwanger sind oder ein Kind stillen. Betet darum, dass ihr nicht im Winter oder an einem Sabbat fliehen müsst. [Vermutlich wird es eben gerade im Winter und an einem Sabbat bzw. Sonntag sein.] Denn es wird eine so grosse Not kommen, wie es noch nie eine gegeben hat, seit die Welt besteht, und wie es auch keine mehr geben wird. Und wenn jene Zeit nicht verkürzt würde, dann würde kein Mensch gerettet; doch um der Auserwählten willen wird jene Zeit verkürzt werden. [Es muss nicht 3 ½ Jahre dauern, wie in der Offenbarung beschrieben, es kann auch kürzer sein, da Gott es verkürzen wird. Wieviel? Das weiss nur Gott.] Wenn dann jemand zu euch sagt: Seht, hier ist der Messias!, oder: Da ist er!, so glaubt es nicht! [Der Antichrist schlechthin tritt auf den Plan.] Denn es wird mancher falsche Messias und mancher falsche Prophet auftreten, und sie werden grosse Zeichen und Wunder tun, um, wenn möglich, auch die Auserwählten irrezuführen. [Der Antichrist wird Helfer haben.] Denkt daran: Ich habe es euch vorausgesagt. Wenn sie also zu euch sagen: Seht, er ist draussen in der Wüste!, so geht nicht hinaus; und wenn sie sagen: Seht, er ist im Haus!, so glaubt es nicht. [Egal, welche Effekte er nutzt, er wird der Satan in Menschengestalt sein.] Denn wie der Blitz bis zum Westen hin leuchtet, wenn er im Osten aufflammt, so wird es bei der Ankunft des Menschensohnes sein. [Aber nicht zu diesem Zeitpunkt, es ist erst eine Ankündigung.] Überall wo ein Aas ist, da sammeln sich die Geier. [Tote werden das Land bedecken.] Sofort nach den Tagen der grossen Not wird sich die Sonne verfinstern, und der Mond wird nicht mehr scheinen; die Sterne werden vom Himmel fallen, und die Kräfte des Himmels werden erschüttert werden. [Die 3-tägige Finsternis] Danach wird das Zeichen des Menschensohnes am Himmel erscheinen; [Das Kreuz der Erlösung] dann werden alle Völker der Erde jammern und klagen, und sie werden den Menschensohn mit grosser Macht und Herrlichkeit auf den Wolken des Himmels kommen sehen. [Der Messias wird überall gleichzeitig im selben Moment zu sehen sein, aus den Wolken des Himmels von Osten nach Westen.] Er wird seine Engel unter lautem Posaunenschall aussenden, und sie werden die von ihm Auserwählten aus allen vier Windrichtungen zusammenführen, von einem Ende des Himmels bis zum andern. [Die, welche standhaft geblieben sind werden zusammengeführt.]'

So fragte ich: "Was ist mit der Entrückung die von vielen erwartet wird?" Jusuf antwortete: "Die wird es geben, doch nicht so viele, wie man meint. Denn es ist nur die Verheissung für die 'Gemeinde Philadelphia'" Und so las ich wieder vor:

Offb 3,7 An den Engel der Gemeinde in Philadelphia schreibe: So spricht der Heilige, der Wahrhaftige, der den Schlüssel Davids hat, der öffnet, so dass niemand mehr schliessen kann, der schliesst, so dass niemand mehr öffnen kann: 8 Ich kenne deine Werke, und ich habe vor dir eine Tür geöffnet, die niemand mehr schliessen kann. <u>Du hast nur geringe Kraft, und dennoch hast du an meinem Wort festgehalten und meinen Namen nicht verleugnet.</u> 9 Leute aus der Synagoge des Satans, die sich als Juden ausgeben, es aber nicht sind, sondern Lügner - ich werde bewirken, dass sie kommen und sich dir zu Füssen werfen und erkennen, dass ich dir meine Liebe zugewandt habe. 10 <u>Du hast dich an mein Gebot gehalten, standhaft zu bleiben; daher werde auch ich zu dir halten und dich bewahren vor der Stunde der Versuchung, die über die ganze Erde kommen soll, um die Bewohner der Erde auf die Probe zu stellen.</u> 11 Ich komme schnell [wie ein Blitz]. Halte fest, was du hast, damit kein anderer deinen Kranz bekommt. 12 Wer siegt, den werde ich zu einer Säule im Tempel meines Gottes machen, und er wird immer darin bleiben. Und ich werde auf ihn den Namen meines Gottes schreiben und den Namen der Stadt meines Gottes, des neuen Jerusalem, das aus dem Himmel herabkommt von meinem Gott, und ich werde auf ihn auch meinen neuen Namen schreiben. 13 Wer Ohren hat, der höre, was der Geist den Gemeinden sagt. (Offb 3,7-13)

Ich wandte ein: "Ich verstehe das nicht. Diese Sendschreiben sind so unverständlich." Jusuf entgegnete: "Nun, du hast den Schlüssel bereits unterstrichen. Diese 'Gemeinde' oder besser gesagt, diese Gläubigen habe nicht viel Kraft, werden also von allen verlacht und belächelt, sie scheinen in allem zu scheitern und werden nicht ernst genommen. Erfolg mit Anerkennung ist ihnen in keiner der Kirchen vergönnt. Was sie erreichen, damit schmücken sich andere. Beiseitegeschoben, wie Besen, die man nicht sehen will. Sie blieben dennoch standhaft und hielten eisern am Wort Jesu fest und verleugneten seinen Namen nicht, denn sie hielten sein Gebot, das elfte Gebot und sie liebten die, welche sie ausnutzten, sie beteten für die, welche sie schmähten und sie segneten die welche sie verfluchten. Dafür wurden sie von den weltlicheren in der Kirche gering geschätzt, doch von Christus werden sie mit der

Entrückung geadelt werden. Der andere Schlüssel liegt im Namen dieser 'Gemeinde'. Philadelphia bedeutet 'Geschwisterliche Liebe'. Genau das taten sie, sie liebten geschwisterlich und wurden dafür verachtet. Sie werden vor der Stunde der Versuchung (der grossen Drangsal/Trübsal) all dem kommenden Leiden entrissen, den sie haben teils ihr Leben lang gelitten und erhalten nun ihren verdienten Lohn. Alle anderen Gemeinden gehen durch die Stunde der Versuchung (die grosse Drangsal oder Trübsal), denn diese verurteilten, richteten, zeigten mit dem Finger auf andere, tratschten usw. All diese spalteten die Kirche durch sinnlose Diskussionen über Päpste, Bischöfe, Konzile und erkannten nicht, dass alle Bischöfe mit dem Petrusdienstinhaber eine Einheit sein sollen, dass kein Konzil für sich alleine gesehen werden darf sondern sie alle, vom Apostelkonzil in der Bibel bis zum Zweiten Vatikanischen Konzil eine einzige Einheit bilden. Sie verstanden das Wort Jesu nicht: 'Vater, lass sie Eins sein, wie wir Eins sind.' Nein, sie interessierten sich mehr für Fehler anderer und suchten eifrig den Splitter in jedes anderen Auge, nur um den Balken im eigenen Auge nicht sehen zu müssen und ihn zu entfernen."

Ich gab zu bedenken: "Aber es heisst doch, dass der Papst der Antichrist sein soll." Jusuf wurde traurig und meinte nur: "Hast du nichts gelernt in diesen Tagen? Der Antichrist wird ein Staatsmann sein. Ob der letzte Papst sein falscher Prophet sein wird oder nicht, das wirst du rechtzeitig sehen. Nicht indem du jede kleine Neuerung bereits verteufelst, denn dann bist du genau ein Fingerzeiger und Splittersucher. Selbst wenn einer den Zölibat aufheben sollte, wäre das immer noch sein Recht. Wenn einer Frauen zu Priesterinnen zu weihen beginnt, die Eucharistie abschafft – damit ist nicht die Einführung einer neuen Volkssprache gemeint – indem er die Wandlungsworte in ihrem Sinn verdreht, so dass die Realpräsenz geleugnet ist, wenn einer mit dem Antichristen zu einer Einheitsreligion aufruft, wenn einer die Sakramente aus der Kirche entfernen will – also die

Feldzeichen Christ – wenn einer einen Staatsmann (den Antichristen) zu vergöttlichen beginnt – damit ist nicht gemeint, wenn einer einen Staatsmann lobt – dann wäre er ein falscher Prophet und im selben Moment auch nicht mehr Papst. Dann würde ihm kein Priester mehr Gehorsam schulden, bis dahin aber schuldet im die Kirche Ehrfurcht und Gehorsam, denn er ist von Gott bestätigt als einer seiner Gesalbten. Wenn du damit nichts anfangen kannst, dann lies, wie David mit König Saul umging, er respektierte ihn und legte keine Hand an ihn, denn Saul war ein Gesalbter des Herrn. Jeder Priester, jeder Bischof, jeder Papst ist ein Gesalbter des Herrn, wer an einen von ihnen Hand anlegt, sollte schnellstens Busse tun und beichten."

So fragte ich: "Was wird denn der Antichrist tun?" Jusuf antwortete: "Er wird sich die Führung der Welt erschmeicheln, wird Frieden verkünden, er wird all das tun, worauf die Menschen warten, nur um dann jede Religion in die Anbetung Satans und sich selbst zu zwingen. Er wird seinen Scheinfrieden, den er propagiert hat durch grosse Taten und Zeichen untermauern. Er wird sich als Messias, Buddha und Stiftungsperson jeder Religion ausgeben. Schliesslich wird er alle Christen und Juden verfolgen, schlimmer als Hitler und dies nutzen um einen totalen Krieg auf der Welt zu entfesseln. Ziel Satans ist es, die Erde und die Menschen zu vernichten. Wenn du also einen solchen Staatsmann siehst, der sich sozusagen über Nacht die Herrschaft über die ganze Welt erschmeichelt und einen Religionsführer, der diesen Mann als Heilsbringer verkündet, dann weisst du, wer der Antichrist ist und wer der falsche Prophet. Du aber halte dich an die gesamte Lehre der Bibel, der Kirche, vom Apostelkonzil bis zum Zweiten Vatikanum und verteidige die Feldzeichen Gottes, die Sakramente der Kirche."

Nach diesen Worten wurde es für mich Zeit, langsam wieder an meine Heimreise zu denken. Jusuf wollte nichts von mir, keinen

Dank, keine Bezahlung, lediglich um ein Gebet und um den Segen bat er mich.

Zum Schluss bat ich Jusuf noch um drei Dinge. Das erste war: "Was bedeutet für dich dein Name?" Er lächelte und sagte: "Jesus unser Sieger und Freund." Das zweite war: "Was macht dir am meisten Mühe im Leben?" Jusuf antwortete: "Mich zu freuen und zu jubeln, wenn ich beschimpft und verfolgt und auf alle mögliche Weise verleumdet werde, wie die Schrift sagt: 'Selig seid ihr, wenn ihr um meinetwillen beschimpft und verfolgt und auf alle mögliche Weise verleumdet werdet. Freut euch und jubelt: Euer Lohn im Himmel wird groß sein. Denn so wurden schon vor euch die Propheten verfolgt.' (Mt 5,11-12) Ich habe immer Angst, es könnte nicht um Christi willen sein, sondern nur Folge meiner eigenen Schlechtigkeit." Das dritte war: "Gib mir doch ein Wort mit, das all dies, was du mich gelehrt hast zusammenfasst." Jusuf lächelte wieder und sagte: "Philipper 2,1-5: 'Wenn es also Ermahnung in Christus gibt, Zuspruch aus Liebe, eine Gemeinschaft des Geistes, herzliche Zuneigung und Erbarmen, dann macht meine Freude dadurch vollkommen, dass ihr eines Sinnes [Glaubensbekenntnisses] seid, einander in Liebe verbunden, einmütig und einträchtig, dass ihr nichts aus Ehrgeiz und nichts aus Prahlerei tut. Sondern in Demut schätze einer den andern höher ein als sich selbst. Jeder achte nicht nur auf das eigene Wohl, sondern auch auf das der anderen. <u>Seid untereinander so gesinnt, wie es dem Leben in Christus Jesus entspricht</u>."

Letztlich segnete er mich: "So segne ich dich von ganzem Herzen im Namen des Vaters und des Sohnes und des Heiligen Geistes." Und ich antwortete: "Amen."

Schlusswort

Es war für mich eine überaus grosse Freude, diesen Mann kennengelernt zu haben. Ich hoffe, es geht euch wie mir und ihr denkt über seine Worte im Gebet nach. Reflektiert sie, nehmt sie mit ins Gebet, doch beginnt nicht, sie zu zerpflücken und zu kritisieren, denn dann hättet ihr nichts von seiner Kraft und vom Wort Gottes verstanden.

So möchte ich am Ende dieses Büchleins gar nicht viele Worte machen, die die Kraft seines Inhaltes einer einfachen Seele, wie ich sie kennenlernen durfte, schmälert. Ob ich ihn so je wieder sehen werde, ist ungewiss, denn die Zeiten sind unruhig geworden und die Lebensjahre vorgerückt. Wie auch immer, lasst Euch die Freude am Glauben an Jesus Christus durch nichts und niemanden nehmen und denkt daran, dass nur die Geschwisterliche Kirche dem Übel entrissen werden wird. Es ist nur dieser Weg, der uns echte Schätze im Himmel bringt.

Jeder hat seine eigenen Fähigkeiten und Talente. Nutzt diese für das Reich Gottes und wenn euch einer deswegen den Ruhm stiehlt, freut euch, denn ihr werdet ihn im Himmel bekommen für eine Ewigkeit.

Mit den Worten Jusufs möchte ich deshalb hier schliessen:

"So segne ich dich von ganzem Herzen im Namen des Vaters und des Sohnes und des Heiligen Geistes." - "Amen."

GH: Allerheiligen 2016